HBB+

平和と人権の憲法学

「いま」を読み解く基礎理論

葛生栄二郎
高作　正博［著］
真鶴　俊喜

法律文化社

はしがき

平和なくして人権はない、人権なくして平和はない――これが本書の確信である。本書は憲法の教科書として使用できるように編集されているが（ただし、統治機構については割愛している）、この確信は本書の随所で触れられている。

そもそも〈平和〉とは何だろうか。それは「争いのない状態」のことだというかもしれない。しかし、それだけならば、平和の実現はそう難しいことではない。心に憎しみや疑い、差別や軽蔑を抱えたままでも、とりあえず争いを回避することくらいはできるからだ。私たちは、これを〈見せかけの平和〉と呼び、その問題性を指摘しておきたい。

日本国憲法が理念として掲げている〈平和〉はこのようなものではない。それは〈真の平和〉だ。〈真の平和〉とは何か。それは、互いに信頼し合い、互いの異質性を尊重しつつ理解に基づいて共生するがゆえに争いのない状態のことだ。つまり、信頼、互恵、共生の精神こそが〈真の平和〉を実現しうるのである。そして、私たちの日常生活のなかでこのような精神をもつことは、とりもなおさず、互いの人権を尊重することを意味している。人権尊重がなければ平和はありえないというのはこのことである。私たちの日常生活から国際社会にいたるまで、このことは基本的には何も変わらないといえるだろう。

また逆に、平和が維持されなければ人権もまた保障されない。個人の人格としての尊厳は、戦争によってこそ最も露骨に踏みにじられるからである。平和を愛さない国家は国民の人権もまた大切にしないものだ。およそ対内的・対外的とを問わず、平和のないところに民主主義は育ちえないのであり、民主的な問題解決に努めない国家は平和を語る資格ももたないのである。このように理解するならば、平和と人権は表裏一体をなしていることがわかる。

ことに、この両者の密接不可分性は二〇世紀にいたって一層顕著になった。大量殺戮兵器をもってする二〇世紀の戦争は、戦争自体の性質を根本的に変化させたからだ。戦闘軍と非戦闘的市民との区別はもはや不可能になり、国民全体をあげての〈総力戦〉という形態をとるにいたった。このような〈総力戦〉においては、国策から遊離した市民社会の自治などまったく存在しえず、近代社会において確認されたさまざまな人権はことごとく破壊されることになる。しかも、それは経済的自由の剥奪のみにとどまらず、精神的自由の剥奪にまで及ぶ。戦争の準備段階から戦時にまでいたる長い期間、〈総力戦〉を準備する国家は、国民に対して有形・無形の心理操作や思想統制を行うようになったからだ。精神的自由の侵害は平和が失われる最も明らかな兆候だといえる。

このように、こと〈総力戦〉の形態をとる二〇世紀の戦争においては、人権侵害と戦争とは不即不離の関係にある。逆にいうならば、平和の維持と人権の保障との関係も一層不可分になったというわけである。日本国憲法に謳われた平和主義と人権の保障とは、直接的には一五年戦争に対する歴史的反省の帰結だが、一層本質的には、平和と人権との相補性に関する理論的帰結でもあったといえよう。

さらに、平和と国民主権との相補性を指摘することもできよう。日本国憲法前文は「政府の行為によって、再び戦争の惨禍が起こらないやうにすることを決意し、ここに主権が国民に存することを宣言し、この憲法を確定する」と述べている。かつての〈日中戦争〉から〈太平洋戦争〉という一五年にわたる歴史経験でも明らかなように、戦争はいつも政府によって勝手に始められるものだ。そこで、悲惨な戦争を防止するためには主権が国民になければならず、たえず国民によって政府がコントロールされていなければならない、というのである。いわば、平和主義を国民主権で担保しようというのだ。もちろん、国民主権でさえあれば常に平和が守れるというわけではない。国民主権が平和主義を保障できるのは、国民が戦争の惨禍を心に刻み続けている限りにおいてであろう。戦争体験や被爆体験が風化するなら、むしろ争うことを望む国民の声によって平和を破壊してしまう危険がある。その意味では、湾岸戦争後、意図的な戦争の美化がされ始めたことはきわめて危険な兆候だ。

このように、平和主義、人権保障、国民主権という日本国憲法の三大原理は、単に羅列されたものではなく、どの一角も欠くことのできない相互不可分に結びついた諸原理として理解できる。日本国憲法は、この三位一体の原理によって日本を平和と人権を愛する「国際社会において名誉ある」国に導こうとしているのである。

なお、本書は、『平和と人権〔改訂版〕――憲法から考える』（法律文化社、二〇〇四）の精神を継承しつつ新たに執筆された作品である。項目や内容、さらには執筆者にも変更があるが、上記精神は、しっかりと本書にも受け継がれているものと確信する。政権交代や「ねじれ」国会などの国内情勢、アメリカ、中国、ロシア、韓国、北朝鮮などとの国際関係などで、さまざまな不安定要因が存在する。このような状況にあって、平和と人権をめぐる確実な基礎理論を身につけることこそが、「いま」を生きる私たちにとって何より大切なことではないかと考える。読者諸氏の忌憚のないご批判やご意見を承れれば幸いである。

法律文化社の方々、とくに、田靡純子氏、掛川直之氏には、遅々として進まない本書の執筆作業により多大な心労をおかけしたものと思う。ここに記して感謝申し上げる次第である。

二〇一〇年一月

執筆者一同

目次

第8章 経済的自由

第11章　デュー・プロセスと司法

第12章　裁かれるいのち

凡　例

一　判例の表記

次の略語を用い、また、年号は西暦で統一した。

最判（決）	最高裁判所判決（決定）
最大判（決）	最高裁判所大法廷判決（決定）
高判（決）	高等裁判所判決（決定）
地判（決）	地方裁判所判決（決定）
家審	家庭裁判所審判

二　法令名の表記

六法（憲法、民法、刑法、商法、民事訴訟法、刑事訴訟法）以外はかぎ括弧で記載し、略称またはフルネームで示した。

第1章　平和と人権のあゆみ

1　平和と人権の根底にあるもの

人権（human rights）とは、人として生まれることを唯一の条件として賦与《ふよ》され（天賦性）、他に譲り渡すことができず（不可譲性）、分割することもできず（不可分性）、時効にかかることもない（不可時効性）権利であると定義される。

このような性格をもつ人権は、他の法律上の権利と根本的に異なる。通常の権利はその時々の社会状況によって与えられたり奪われたり、各人の法律行為の結果として獲得したり喪失したりするが、人権は、その性質上、このようなことが起こらない。それは、他の権利が特定の社会に所属する個人を前提にしているのに対し、人権は、いかなる社会にも、いかなる権力にも先在する個人を前提としていることに由来する。いわば、人権という概念は超歴史的・超地域的な性質をもった権利なのだ。

ところで、人権思想には、かねてから次のような批判がある。人権は歴史や民族の枠を超えた普遍的な権利だというけれども、実際には、人権の名のもとに擁護された諸権利は近代資本主義の発展とともに生まれたブルジョワの階級的利益を擁護したものにすぎず、人権思想の標榜する超歴史性は、そうした階級的な偏りを覆い隠す偽装なのではないか。さらにいうならば、そもそも人権思想の前提とする個人というものは存在しているのだろうか。人は常に何かしらの共同体のなかに生まれ育つ。いわば、文脈的な存在だといえる。いかなる共同体にも先在する個人という想定は、近代合理主義の生み出した、誤った人間観なのではないか、というのだ。

たしかに、人権のカタログに普遍性がなく、超歴史的な権利という性格にもかかわらず、そこにあげられた諸権利がことごとく歴史的・経験的な発見物でしかないという点については争う余地がない。しかし、人権思想が前提とする個人が近代合理主義の所産にすぎないとするのは、やはり誤解だというべきだろう。人権思想が個人を前提とするのは、一人ひとりのもつ人格に着目するからである。人は共同体のメンバーであるより以前に、一度失われれば二度と戻ることのない、この世で唯一の存在であり、代替不可能であり、したがって単なる手段として用いられてはならない人格をもった個人である。しかも、集団に対する個人は圧倒的に微弱な存在なのであり、それゆえに、あらゆる集団の利益に先立って個人の利益が尊重されなければならないと考えるからである。このように、人権の概念は決して特定の宗教的信条やイデオロギー的立場から由来するものではなく、個人という存在の本質的な性格に由来する。

ところで、人権思想の根底にある個人の人格が最も露骨に踏みにじられるのはどのような場合だろうか。それはやはり戦争においてだろう。戦争は個人を軍事力の一部に還元し、失われれば代替されうる単なる手段と化す行為だからだ。しかも、あらゆる戦争は常に個の利益に対して集団の利益を優先させることによってしか正当化されえない。このように理解するならば、平和思想と人権思想とには共通の核となる理念があることがわかる。すなわち、かけがえのない個人の人格こそが何よりもまず大切にされ、恣意的な権力の行使から守られなければならないという理念である。

2　古代・中世の平和論と人権論

しかし、〈人権〉という用語それ自体はそれほど古いものではない。おそらく、一八世紀のフランス人権宣言（正式には「人と市民の権利宣言 Déclaration des droits de l'homme et du citoyen」という）の頃から用いられたものだろう。しかし、恣意的な権力行使から市民生活を擁護するという意味での人権思想の淵源は古代ギリシアにまで遡ることができる。

❖古代ギリシア

古代ギリシアのソフィストたちは人の作った法と自然の作った法とを区別し、人為的な法に対する自然の法の優越を説いた。ソフィストのヒッピアスは、この区別に基づいて「同じものは自然《ピュシス》によって同じものと同類だが、人間の作った掟《ノモス》は人間どもの暴君であって、自然に反した多くのことを強制する」と述べ、人為的な法の恣意性を糾弾した。また、劇作家ソフォクレスの描く『アンチゴネ』の主人公は、王の命令が「正義の女神の掟」に反するとして服従を拒否した。このような、人為的な法や権力の相対化は、国家権力の正当性に限界を画定しようとする人権思想の遠い淵源だとみることができよう。

アリストテレスもまた『ニコマコス倫理学』において、「自然的な正しさ」と「人為的な正しさ」との区別をあげ、「自然的な正しさはいたるところにおいて同一の妥当性をもつが、……人為的な正しさは、こうであってもそれ以外の仕方であっても構わない」と述べた。「自然的な正しさ」の普遍妥当性と「人為的な正しさ」の特殊妥当性との対比は、その後の自然法（natural law）と実定法（positive law）との区別の基礎をなした。アリストテレスの用いた「自然的な正しさ」という用語は、その後、ラテン語（ius naturale）に翻訳されて継承され、近代において自然権（natural right）という用語を生み出した。さらに、この自然権をいい換えたものが「人権」にほかならない。

以上のように、古代ギリシアの社会思想は、人権思想のきわめて重要な淵源の一つだが、しかし、古代ギリシアのポリス社会に人権思想そのものがあったとはいえないのである。自然法思想の祖とされるアリストテレスでさえ、奴隷制を肯定し、奴隷は「ものを言う道具」にすぎないと断じたのだった。それは、すでにみたように、人権思想は国家に先立つ個人をその前提としているが、きわめて集団主義的指向の強いポリス社会にあっては、個人はポリスの一部にすぎなかったからだ。アテナイの民主政治家ペリクレスは「アテナイ人がアテナイのためにあるのであって、アテナイがアテナイ人のためにあるのではない」と演説して絶賛をあびたという。

古代ギリシア社会に平和思想を求めることができないのも同様の理由に基づく。アリストパネスは『女の平和』において、ポリス相互間の戦争がいかに無益であるかを活き活きと描いてみせたが、平和への希求はこうした文学的表現にとどまった。ポリス社会の強烈な集団主義的指向はポリスの自立を守るための戦争をも自明な真理として疑うことを許さなかったのである。

❖ヘレニズムとローマ

人権概念の基礎となる哲学的個人主義や普遍主義を生み出したのはヘレニズムと呼ばれる時代だった。

西は地中海世界から東はインドにまで至るアレクサンドロスの巨大帝国は、伝来のギリシア的ポリス世界を崩壊させるとともに、ギリシア文化と東方に由来する各種異文化を混淆《こんこう》させた「ヘレニズム」と呼ばれる新たな文化風潮を生み出した。ポリス社会の崩壊は集団への帰属意識をもたない自由で平等な個人を生み出すとともに、帰属すべき具体的な共同体を喪失した個人は抽象的なコスモポリス（世界国家）に帰属するものと理解された。かくして、ヘレニズム文化は個人主義と普遍主義とを同時に誕生させたのである。ヘレニズム時代の思想を代表するストア哲学者たちは、人間はいかなる具体的な共同体にも拘束されない自由で平等な個人であり、ただ宇宙全体に普遍妥当する、したがって、あらゆる共同体の実定法に優越する自然法にのみ服すべきだとした。そして、このような普遍妥当の自然法は、万人に等しく与えられた理性によって知ることができるのであり、世俗の雑事に惑わされず、普遍的なるものを希求する理性にしたがって生きることこそが理想であると説いた。このようなストア派の自然法思想は、同じく多民族帝国だったローマ帝国にも受け継がれ、定着していった。しかし、現実政治を無意味な空騒ぎでしかないと考えたストア哲学者たちは、平和の問題についても現実逃避的だった。平和は心の内面にのみあると考えた彼らの内省主義は、かえって外面的・現実的な平和の問題への無関心をもたらすものでもあった。また、果てしない征服戦争の結果としてもたらされたものだったとはいえ、「パクス・ロマーナ」（pax romana）と呼ばれる政治的安定期にあったことも彼らを平和の問題から遠ざけた。戦争と平和をめぐる切実な問題は、皇帝の名による戦争への参加を強要されたキリスト教徒たちによって提起されたのである。

❖キリスト教

ユダヤ伝来のキリスト教は、当初、ローマ帝国内の異教として激しい弾圧にさらされた。キリスト教徒が迫害を受けた理由としては、唯一神信仰に依拠して皇帝礼拝やローマ的宗教祭儀を拒否したことがあげられるが、これらと並んで、古代キリスト教会が頑《かたく》なな戦争拒否・兵役拒否の信条をもっていたこともローマ人の眼には売国者と映ったのである。初代教父キプリアヌスは、あらゆる戦争は国家の名のもとに行われる殺人でしかありえず、「キリスト教徒は殺すことを許されていない。むしろ殺されるままになるべきである」と述べた。また、テリトリアヌスは、キリスト教徒は神の旗と皇帝の旗との間を行き来するような器用なまねはできないと述べ、信者に兵役の拒否を勧めたと伝えられている。しかし、このような戦争拒否・兵役拒否の信条はキリスト教が軍隊内部にも浸透するにしたがっておのずから動揺をきたし、やがてローマの公認宗教となり、はては国教となるに及んで絶対的平和主義からの撤退を余儀なくされた。

キリスト教の国教化は発足当初の信条からの撤退を意味したが、しかし同時に、古代ギリシア・ローマの知的遺産の多くを吸収し、教義の内容を豊かにする契機でもあった。一三世紀のトマス・アクィナスは、戦争を正当なものと邪悪なものとに分ける、いわゆる正当戦争論の基礎を確立した。トマスは戦争が正当化されうる要件を以下の四つにまとめる。

①「正統な権力」(legitima potestas)によるべきこと。
②教会の認める「正しい理由」(justa causa)によるべきこと。
③敵との共存をめざす「正しい意図」(recta intentio)に貫かれていること。
④倫理的に是認しうる「妥当な方法」(debitus modus)を用いること。

トマスはこれらの要件を設けることによって戦争に倫理的枠組みを与えるとともに、俗権の権力行使としての戦争を教会の査定のもとにおくことに成功した。トマスの教説はその後の平和論の発展に大きく貢献したものだが、その反面、この枠組みによって正当性を与えられた戦争は、個人を良心的葛藤から解放し、その全責任を安易に敵側に転嫁する誘惑を生んだことも事実であって、戦争の十全な抑止力とはなりえなかったことは論をまたない。

❖宗教改革

平和と人権の思想史に対するプロテスタンティズムの貢献は両義的である。一方において、改革派は君主を地上における神の代理人とみなし、その権力を絶対化する王権神授説に与し、伝来の自然法思想を否定するとともに、異教徒に対する神の制裁として戦争を肯定した。

しかし、他方で、世俗の支配と宗教との分離を要求する彼らの信仰は、国家の介入を許さない「良心の自由」という思想を生み出した。彼らはあらゆる権力を肯定したが、ただ「良心の自由」への介入のみは許さなかった。彼らの主張する国家権力の限界としての「良心の自由」は、まさに近代的人権思想の原点となったといえるだろう。また、再洗礼派に代表されるような、急進的・絶対的な平和思想や兵役拒否論を生み出したのも、神のみに服す「良心の自由」という彼らの信仰観にほかならない。

宗教改革はカトリックにも新たな動きを生み出した。ドミニコ会士ラス・カサスは、新たに発見されたアメリカ先住民について、彼らの諸権利が擁護されるべきことと彼らが非キリスト教徒であることとは別問題だと述べ、自然法の世俗化（非宗教化）に踏み出すことになった。

3　近代の平和論と人権論

❖近代的人権思想の誕生

人権思想のもつ最も重要な機能は、あらゆる権力に先在する権利を想定することで既存の権力に対して乗り越えることの許されない枠組みを与えることにある。ところが、これまでみてきたように、このような権利が存在しているとする思想それ自体は、必ずしも近代の所産ではなく、すでに古代・中世にもみられたものだ。さらに、これを明文化・制度化する試みがすでに中世の時代に行われていたことも注目されよう。たとえば、一三世紀の「マグナ・カルタ」（Magna Carta）、一七世紀の「権利請願」（Petition of Right）、「権利章典」（Bill of Rights）などがその例である。

これらは、その後に現れるさまざまな人権宣言の原型を提供したものとして評価しうるが、にもかかわらず、これらの文書を人権宣言と呼ぶことはできない。というのも、これらの文書が擁護しようとした諸権利はイギリスの貴族たちが歴史的・伝統的に有してきたとされる階級的権利であって、あらゆる人間が生まれながらにして無条件に、したがって超歴史的に有する人権ではなかったからだ。このような意味での人権概念が成立するためには、各人の社会的身分や信仰など一切の偶然的な属性を排除した集合体を仮定したうえで、そこではどのような法が妥当するのか、そしてその法は各人にどのような権利を認めるのかを考察する必要があろう。前者は、中世的身分秩序や宗教的信条から分離された世俗的自然法によって、また後者は、そのような自然法のみが妥当する世界を想定する自然状態説によって可能となったが、このような理論装置が生まれるためには、伝統にも宗教にも依拠せずに真理を導出することが可能だとする近代合理主義の思想が必要だった。この意味で、本格的な人権思想の誕生は、やはり近代という時代の到来を待たねばならなかったといえる。

❖ロックと近代の人権宣言

自然法の世俗化は中世の末期から始まるが（ビトリア、スアレス等がその先駆である）、これを完成させたのは一七世紀オランダのグロチウスだった。彼は「私の意に反する想定だが、かりに神が存在しなかったとしても、一連の自然法は存在するだろう」と述べ、世俗的（合理主義的）自然法論を完成させた。また、彼の主著『戦争と平和の法』は伝統的な正戦論を合理主義自然法論の観点から発展させ、その後の戦時国際法の誕生の端緒をなした。

一方、自然状態説に基づく自然権論については、一七世紀イギリスのジョン・ロックをあげるべきだろう。彼によれば、人間は自然状態において平等であり、生命、身体、自由、財産に関する神聖不可侵の権利（彼はこれを properties と呼ぶ）をもっていたという。自然状態は相対的に平和な状態であり、各人は平和裡に自然権を享受することができたが、しかし、時に襲う不当な権利侵害に対して自衛するすべをもたないため、自然状態での自然権はあくまで不安定なものだった。かくして、各人は自然権の一部を譲渡供託することを契約し、自然権の享受をより一層確実強固なものにすべく国家を創設した、というのが彼の筋書きである。彼の自然権論は身分や信仰のいかんにかかわりなく普遍的に認められる人権の存在を説くとともに、国家の存在理由をこのような人権の保護拡充に制限したものであって、ここに権力の限界を画定するものとしての近代的人権思想が成立したのである。

近代的人権思想は君主の無制約な権力を正当化する王権神授説に対抗し、近代市民革命に正当性を付与する理論的武器として成功を収めた。一八世紀の「アメリカ独立宣言」は「すべての人は平等に造られ、造物主によって一定の奪うことのできない天賦の権利を有する。その権利には、生命、自由、幸福追求が含まれる」と述べる。また、「フランス人権宣言」は「あらゆる政治的結合の目的は、人の消滅することのない自然権を保全することにある。これらの権利は、自由、財産、安全および圧政への抵抗である」と述べる。これら一連の人権宣言は、ロックによって定式化された自然権論を端的に表明したものにほかならない。

しかし、このような人権思想の確立にもかかわらず、近代国家ほど組織的に人権を侵害した国家はかつてないのである。国内の資本主義体制を完成させたヨーロッパ列強は、一九世紀に至って、競って植民地経営に乗り出したが、そこでは当然のように植民地住民に対する組織的な人権侵害が行われた。このような帝国主義的侵略に対して、従来の正戦論はあまりにも無力だった。近代の国民国家（nation state）は、対内的には国民主権の国家を意味したが、対外的にはその国の国民の意思以外には一切服従しない、したがってあらゆる超国家的な規範の拘束から解放された独立主権国家を意味した。そこでは、国家の意思は「神聖《サクロ》なる利己心《エゴイスモ》」として無条件に是認されたのであり、植民地侵略もまた、これを抑止するものがなかった。国内にあっては普遍的な人権保障を掲げるにもかかわらず、市場と労働力を提供する植民地にあっては露骨な人権侵害が行われた。このことは、近代的な人権思想の限界と欺瞞《ぎまん》性を示すものにほかならないだろう。

❖近代的人権思想の限界

近代的人権は、あらゆる人が生まれながらにして有する権利として宣言された。にもかかわらず、そこで具体的に擁護された諸権利は近代市民革命に勝利を収めた市民階級の利益と密接に結びついたものだった。このことは、圧倒的多数を占める農民や賃金労働者にとっては簒奪《さんだつ》されることの自由しか意味しない財産権を「神聖不可侵な権利」として宣言したことに最もよく表れている。また、アメリカ合衆国憲法が万人の平等を掲げつつ、ジェニー紡績機の発明によって大量の労働力が必要になるや奴隷制を肯定するに至ったこと、フランス革命政府が万人平等の原理は西インド諸島の有色人種には適用されないと宣言したことなども想起すべきだろう。

このような近代的人権思想のもつ欺瞞性は、すでに近代初頭において、ジャン・ジャック・ルソーによって指摘されたところだった。ルソーは、自然法や自然権といった観念は、その実、社会的強者の既得権を擁護し、強者が弱者に対して押しつける無謀な要求を神聖化するための偽装理論にすぎないと述べ、自然法や自然権を社会状態にもち越すことを拒否した。彼によれば、社会契約に際しては一切の自然権がことごとく国家に譲渡されなければならないのであり、国家権力は人民の一般意志による独裁によってのみ成立する。市民は生命権をも含むあらゆる権利を国家に譲渡するのである以上、統治者が「お前の死ぬことが国家に役立つのだ」と言うとき、国民は国家のために死ななければならない、とさえ主張する。ルソーの想定する国家は絶対君主主権の反転としての絶対無制約な人民主権国家であり、自然権による制限権力論を説いたロックと好対照をなしている。戦争についても、ロックが、戦争は「不正な力の行使」であるとしたのに対し、ルソーは一般意志の発動としての戦争を肯定し、これへの協力を拒否する権利を人民に留保しない。こうして、近代的人権思想の欺瞞性を糾弾するルソーの社会契約論は、結果的に全体主義的国家観に結びつくものだった。

ルソーの反人権論は、その全体主義的国家観とともに、その後、社会主義思想家たちに継承されていった。マルクスは、近代的人権はブルジョワ階級の利益擁護のためのイデオロギーだとしてこれを拒否する。二〇世紀に誕生した、いわゆる社会主義的人権宣言は、権利を国家に先立つ個人の人権としてではなく、「勤労し搾取されている人民」（一九一八年「人民の権利宣言」）にのみ認められるものとして規定した。

しかしマルクスは、平和論に関してはルソーの後継者ではなかった。彼は戦争を独占資本がみずからの利益追求のために引き起こす組織的犯罪行為とみなし、ブルジョワジーの階級的利益を実現する暴力装置としての国家を廃棄することによって戦争の撲滅が可能だと考えた。「人民の権利宣言」は「あらゆる戦争のなかでいちばん犯罪的な現在の戦争により、地上を血まみれにさせている金融資本と帝国主義の爪から人類を救い出す」ことを堅い決意として表明している。しかし、こうした社会主義的平和論は、帝国主義的戦争を指弾するとともに帝国主義からの解放戦争を正当化するという、いわば社会主義的正戦論を提起するにとどまった。

❖社会権の登場

人権思想史の観点からみるならば、第一次大戦後に登場した一連の社会権的人権は、近代的人権思想のもつ限界や欺瞞性を自己克服しようとした試みとして位置づけられよう。すなわち、近代的人権思想の根本的限界は、その普遍主義的要請のゆえに各人のおかれた個々具体的・現実的な状況に目を向けないことにあった。つまり、社会的に有利な立場におかれた者の権利拡張には役立っても、社会的に不利な立場に置かれた者の権利の保全には役立たない、それどころか、強者による弱者の利益侵害を正当化する根拠として機能してしまうという問題だ。しかも、この欠陥は資本主義経済体制の進展とともに深刻化の一途をたどった。

こうした反省に立って、二〇世紀の社会権的人権は、各人の具体的状況に即して権利内容の実質的実現を要求し、しかもその責務を国家に負わせるものである。大戦後のドイツで成立した「ワイマール憲法」（一九一九年）は、「経済生活の秩序はすべての者に人間に値する生活を保障することを目的とする正義の原則に適合しなければならない」と定め、社会的弱者に対する国家の積極的保護を義務づけた。したがって、近代的自由権が国家の介入を排除する権利だったことと比べれば、二〇世紀の社会権はむしろ国家の積極的介入を要請する権利であって、ここに人権保障に対する国家の役割は根本的な変化を遂げたといえる。夜警国家観から福祉国家観への変貌である。とはいえ、このことは近代的自由権が無用になったことを意味するものではない。むしろ、社会権の登場は近代的人権思想のもつ限界の克服であるから、両者は相補的関係にあるものとして理解されなければならない。わが国の憲法もまた、こうした人権思想の発展にそって、自由権・社会権ともに基本的人権として規定している。

❖正戦論から不戦論へ

第一次大戦の反省は、人権論においては社会権の登場として、平和論においては正戦論から不戦論への移行として結実する。特定の基準にしたがって正しい戦争と不正な戦争とを識別しようとする従来の正戦論に理論的な限界があることは、かねてから明らかだった。主権国家相互の対立においては、その戦争の正当性を査定する上位機関が存在しておらず、いずれの国も自国の正当性を主張して譲らないからだ。のみならず、そもそもトータルな人間破壊をもたらす総力戦というかたちをとる現代の戦争に関して、倫理に適った正しい戦争を考えること自体がもはや不可能でさえある。第一次大戦は正戦論の無力さを如実に示すものだった。こうした反省に基づき、大戦後の世界は、国策の手段としての戦争の放棄を約する「不戦条約」（一九二八年）の締結、国際的な平和機構としての国際連盟の設立、さらには数々の軍縮会議などを通じて、戦争なき世界の実現を模索したのである。これら大戦後にみられた不戦論への動きと従来の正戦論との相違は、「不正な戦争」を抑止するのみならず、おおよそ戦争という手段に訴えることそれ自体を不正なものと理解するに至ったこと、そして、その実効性を確保すべく超国家的な条約や平和機構の樹立をめざしたことにあるといえよう。

しかし、こうした不戦論の努力にも根本的な問題点が未解決のまま残されていた。第一に、そこで不正とされた戦争は、国権の発動として戦争という手段に訴えること、つまりは侵略戦争であって、自衛のための戦争は各国の自衛権の一部として留保されていたこと。したがって、第二に、自衛戦争のための軍隊の保持は禁じられていなかったことである。これらの問題点がいかに致命的な欠陥であるかは、不戦論の努力にもかかわらず、新たな世界戦争を抑止しえなかったことが何よりも明白に物語っている。

4　現代の平和論と人権論

❖人権論の現在――多様化と国際化

人権思想史における第二次大戦後の顕著な変化は、人権の多様化と国際化にある。戦後に至り、環境の急速な変化にともなって、新しい人権が続々と提唱されるようになった。平和的生存権、環境権、知る権利、プライバシー権などがその例だ。これら新しい人権は、いずれも抽象的性格をもち、権利の内実は何か、権利の主張者は誰であり、相手方は誰なのか、制裁はいかにあるべきなのか、など曖昧な点が多く、今後の課題として残されている。

また、戦後、国際的なレベルでの人権保障が登場するようになったことも注目される。その最も代表的なものとしては「世界人権宣言」（一九四八年）、「国際人権規約」（一九六六年）などがある。そのほか、わが国の加盟する人権条約としては、「難民の地位に関する条約」「女性差別撤廃条約」「児童の権利に関する条約」などがある。もとより人権は国家や民族の枠を超えて保障されるべきものであり、人権保障の国際化現象もまた人権思想史の不可避な発展というべきだろう。

❖平和論の現在――不戦論から絶対的平和主義へ

第二次大戦の経験は、平和論に一層徹底した反省を促すことになった。すなわち、不戦論においてなお留保されていた自衛権の行使としての戦争の是認やそれにともなう戦力の保持は、結局のところ、戦争に最後の口実を与えることになるのである。こうした反省に立ち、わが国の憲法は人類史上はじめて、自衛戦争をも含めた一切の戦争の放棄と戦力の不保持を定めた。それは人類が数知れぬ戦争を通じて、おびただしい犠牲を払ったすえに、ようやくたどりついた平和論に関する最終結論であるといえよう。いわゆる「絶対的平和主義」への移行である。

絶対的平和主義の浸透は良心的兵役拒否者の増加にもみることができる。〈良心的兵役拒否者 conscientious objector〉とは、各人の良心に基づき、兵役および参戦を拒否する者をいう。そもそもその起源は、すでに述べた再洗礼派やクウェーカー教徒にあり、彼らは宗教的信条に基づいて古代教会の絶対的平和主義を実践したのである。その後、この思想は他の諸派（メノナイト派、モラビアン派、ドゥホホヴォール派など）にも広まり、彼らは歴史的平和教会と総称されるに至った。欧米ではきわめて早い時期から彼らの立場が尊重され、良心的兵役拒否の法制化が進められた。最も早いケースとしては一七五六年英仏戦争の際の法制化が知られる。一九一七年、第一次大戦時に制定された「選抜徴兵法」では、この法に基づいて兵役を拒否した者はアメリカだけで八〇〇〇人だったが、第二次大戦時の「選抜徴兵法」では、実に五万数千人にのぼったという（申請者は七万人を超える）。かつての「選抜徴兵法」が宗教的信条に限定されていたのに対し、戦後は道徳的良心に基づく兵役拒否も認められるようになったためである。戦争なき世界を希求することは神を信じる者にも信じない者にも共通する信条だと理解されるようになったのだ。国家はそもそも各人の生命や生活を危機にさらす権限をもっていないのだから、選択的拒否をも含めた良心的兵役拒否は人権概念からの必然的帰結として認められるべきだろう。わが国では、歴史上、このような良心的兵役拒否が法制化されたことはなかった。しかし、日本国憲法における絶対的平和主義は、良心的兵役拒否を法制化するまでもなく、国家全体が世界に対して良心的兵役拒否を宣言したものと理解できるのではなかろうか。

TOPIC
「平和」の反対は「戦争」ではない

「平和の反対語は何か」と聞かれれば、「戦争」と答えるのが普通だろう。しかし、日本国憲法の絶対的平和主義に基づけば、これは正確ではないといえる。正しくは「恐怖と欠乏」。憲法前文には「全世界の国民が、ひとしく恐怖と欠乏から免れ、平和のうちに生存する権利を有する」とある。つまり、単に「戦争をしていない状態」が平和なのではなく、いつ戦争に巻き込まれるかわからないような恐怖にさらされることのない状態、欠乏のゆえに人間性が損なわれるようなことのない状態が平和なのである。さらには、自由を封殺する「専制と隷従」、マイノリティが差別に苦しむ「圧迫と偏狭」のない状態が平和なのである。しかも、憲法の平和的生存権は全世界の国民に保障されるべき人権であるから、かりに日本がこうした意味での平和な状態にあったとしても、世界に戦争の恐怖や欠乏、専制と隷従、圧迫と偏狭が存在している限り、なお絶対的平和主義は実現していないことになる。日本国憲法の掲げる絶対的平和主義はそう容易に到達できるものではない。

そもそも日本国内においても、平和的生存権の侵害ではないかとして争われた事例がある。古くは長沼ナイキ基地訴訟第一審判決（札幌地判一九七三年九月七日）が高射群施設等の基地はいざ戦争の際には攻撃の第一目標になるだろうから平和的生存権が侵される危険があると述べている。近年の例では、イラクへの自衛隊派遣をめぐる事件の控訴審判決（名古屋高判二〇〇八年四月一七日）でも平和的生存権が争われた。本判決は、戦争の「準備」行為によって個人の生命・自由が侵害される危険のある場合や戦争の「恐怖」にさらされる場合、さらには、たとえ海の彼方の戦争であっても戦争への加担を強制される場合は平和的生存権の侵害であるとした。憲法前文にいう平和的生存権の趣旨を厳密に解釈したものだといえよう。

あくまで憲法の前文に記されている平和的生存権に具体的権利としての性格があるかどうか争いがないではないが、この権利は日本国憲法の理想とする平和のあり方を最もよく表したものだといえるだろう。

（葛生 栄二郎）

第2章　日本国憲法の成立

1　憲法の概念

❖「憲法」という言葉

「憲法」という言葉は、他の法律用語と同様、幕末以降に西欧の Constitution［英・仏］あるいは Verfassung［独］などの訳語として考案されたものである。当初のうちは「憲法」のほかに、「国憲」「政典規則」「原律」などさまざまな訳語が用いられていた。「憲法」という訳語は、一八七三年に箕作《みつくり》麟祥がフランス六法を邦訳する際にはじめて用いたものといわれている。聖徳太子が作ったとされる十七条憲法や江戸期の憲法部類、憲法類纂などの法令集から採取した言葉だと考えられるが、これらは役人の守るべき服務規定、勤務心得ともいうべきもので、いかなる意味でも今日の憲法とは内容的に異なる。ただその用語のみを借用したのである。その後、一八八一年頃には、ほぼ Constitution の訳語として「憲法」が定着した。

❖憲法の意味

一般的にいえば、憲法とは国家の構成・統治に関する基本法を意味する。これを固有な意味での憲法という。この意味でいうならば、あらゆる国家は不文の慣習・伝統として、国家の創設以来その国の憲法をもっていたと考えられるから、わが国の憲法の歴史は日本の国家の創設と同時に始まったということができよう。

しかし、通常、その国に「憲法がある」という場合、それは近代的な意味での憲法、すなわち、一八世紀ヨーロッパで確立した国民主権、人権の保障、権力分立などの諸原理を含んだ憲法が存在していることを意味している。この意味でいうならば、わが国の憲法の歴史は一九世紀の明治維新以降に始まるということができる。

2　明治憲法の成立

❖西欧人権思想の受容

西欧人権思想のわが国への流入は、すでに幕末期に始まる。なかでも、人権思想の普及に尽力したのは加藤弘之、津田真道、福沢諭吉ら、明六社のメンバーだった。加藤は、人権思想について「人間には天賦に任意自在の権利というものがござりて、すべて人間として生まれたものは、けっして他人の制駁《せいぎょ》を仰がずして、何事もその意に任せて自在にすることができる権利で、われ人みな生まれながらにして備えている至宝でござる」（『真政大意草稿』）と説明し、政府がこの権利を束縛せず、「相競うてその幸福を求めるように任せておけば、自然といわゆる安民の場合にもいたる」（『真政大意』）と述べた。すでに、西欧的な人権思想や自由主義国家の理念が的確に把握されていたことがわかる。加藤が国学流の国体思想に異を唱え、「天皇の御心をもって心とせよとはなにごとぞや。これすなわち例の卑屈心を吐露したる愚論なり。吾輩人民もまた天皇と同じく人類なれば、おのおの一己の心を備え、自由の精神を有するものなり」（『国体新論』）と述べたことも、彼の人権理解の的確さを示すものだろう。このように、幕末から明治初期にかけて、西欧的な人権思想が予想以上に高い理解をえられた背景には、朱子学の影響があったといわれる。朱子学には、人倫の根源は「天理」と呼ばれる宇宙の普遍秩序にあるとする教えがあったが、こうした倫理観はキリスト教的な宇宙観に由来する自然法思想をのみ込みやすいものにしていたと考えられる。

にもかかわらず、人権思想は一八七七年頃を境として急速に衰退していった。その原因として、第一に、明治期の啓蒙思想家たちが学んだ西欧思想は、スペンサーの社会進化論やJ・S・ミルの功利主義、コントの実証主義など、すでに一八世紀的自然法・自然権思想を否定する潮流に傾いたものであったこと、そして第二に、西欧の人権思想が絶対主義支配への対抗理念として展開されたのに対し、わが国では、まず西欧列強に伍する統一国家の確立がめざされ、そのための付随的な不可欠要素として人権思想が受容されたにとどまるためだと考えられる。さきにあげた加藤弘之も一八七七年頃には思想的転向を遂げ、人権思想を放棄するに至った。彼は『人権新論』において、スペンサーの社会ダーウィニズムに基づいて「天賦人権の妄想主義を一撃のもとに砕粉し」たと述べるとともに、まず国家の確立が先であり、それまでは専制政治によって臣民の権利を制限することもやむをえぬことと述べている。

かくして、西欧人権思想は政府内の議論としては姿を消し、その後は明治政府への対抗理念として自由民権論者たちに受け継がれることとなった。

❖明治憲法の制定過程

新たに成立した明治政府は、倒幕に功のあった薩長藩閥を中心とする独裁的色彩の強いものだった。このことは多くの不満分子を生み出す結果となり、彼らの不満はやがて自由民権運動と呼ばれる、中央政府に対する激しい抵抗運動へと発展した。一八七四年、征韓論に敗れて下野した板垣退助らを中心として提出された「民撰議院設立建白書」は、この運動の端緒ともいうべきものである。そして、ここにおいて要求された民選議会の設立は、当然にその設置を定めた憲法の制定をも視野に含めるものだった。

当初、憲法の制定には消極的だった明治政府が憲法の制定を必至と考えるに至った対内的背景には、このような自由民権論者の要求に応えざるをえなかった事情がある。また、対外的背景としては、不平等条約の改正という積年の外交問題を打開する前提条件として、西欧的近代憲法を頂点とする法制度の整備が不可欠と考えられたことがあげられよう。

一八七五年、いわゆる「立憲政体ノ詔」が発布され、翌年、元老院によって「日本国憲按」が作成されたが、これはわが国の国体に合わないとして拒否された。以降、さまざまな憲法案が考案されるようになり、民間でも、いわゆる私擬《しぎ》憲法の作成がさかんに行われた。なかでも、後述する植木枝盛の憲法案は最も進歩的な内容をもつ憲法案の一つだった。政府内では、イギリスを範とし、議会主義を原理とする大隈重信の憲法論と、プロシアを範とし、君主主義を原理とする伊藤博文の憲法論とが対立した。大隈は、「立憲の政は政党の政なり」として、イギリス流の政党政治を主張したが、伊藤は、自由民権論者の憲法論は「英米仏の自由過激論者の著述のみを金科玉条のごとく誤信し、殆《ほとん》ど国家を傾けんとする」ものであると批判し、「君権赫々《かくかく》たる」プロシア憲法を範とすべしと主張した。結局、この対立は、大隈一派を政府から追放することによって解決し（明治一四年の政変）、わが国の憲法は伊藤の主張するプロシア流君主主義を採用することとなった。一八八二年、伊藤は憲法調査のためヨーロッパに留学し、帰国後、井上毅、伊東巳代治、金子堅太郎等とともに憲法の起草に着手した。かくして作成された草案は、一八八九年に、大日本帝国憲法として発布され、翌年一一月二九日より施行された。

❖植木枝盛の「東洋大日本国国憲按」

一八八〇年一一月に開催された国会期成同盟第二回大会は、翌年一〇月から東京で開かれる次回に、各組織が憲法見込案を持参することを合意した。植木枝盛の憲法案である「東洋大日本国国憲按」は、この合意に基づいて、立志社で作成されたものである。結局、立志社は植木私案ではなく、北川貞彦の「日本憲法見込案」を採択したが、植木私案はその進歩的性格のために、その後も大きな影響を与えた。

植木の「東洋大日本国国憲按」の最大の特色は、近代憲法としての完成度の高さにある。行政権は天皇（「皇帝」と呼ぶ）が総攬《そうらん》するが、立法権は人民にあるとされ、三権の相互抑制機構をもっている。また、人権という用語こそ用いていないが、彼が明らかに国家に先行する人権を考えていたことは、人民の権利に関する規定が天皇に関する規定の前におかれていること、また、広範な抵抗権・革命権を保障していることなどから窺える。死刑制度を禁じている点なども注目に値するだろう。安全保障に関する規定も独創的だ。彼は、いくつかの州から構成された連邦国家を構想し、各州の連合軍による集団安全保障体制を考えるとともに、専守防衛であることを明記している（三二条「日本各州は既に寇賊の来襲を受け、危急に迫るにあらざれば戦いを為すを得ず」）。

❖明治憲法の特色

明治憲法の特色は、外見的立憲主義にあるといわれる。すなわち、この憲法は、外見的には、議会制度をもち、「臣民権利義務」規定において近代的諸自由を保障し、三権の分立を制度として有するなど、近代憲法としての体裁をもっているが、その内面にある基本原理は国体思想という、およそ前近代的なものだった。主権は天皇にあるとされ、三権も天皇の統治を輔弼《ほひつ》するために分かれていたにすぎない。また、臣民の諸権利は人権ではなく、いわゆる法律の留保が付けられ、法律によりさえすれば、いくらでも制約可能な権利として理解されていた。そして、この傾向は昭和期に入って以降、一層顕著なものとなっていった。一九三七年に編纂された『国体の本義』は「臣民の権利義務の規定の如きも、西洋諸国に於ける自由権の制度が、主権者に対して人民の天賦の権利を擁護せんとするのとは異なり、天皇の恵撫慈養の御精神と、国民に隔てなき翼賛の機会を均しうせしめ給わんとの大御心より出ずるのである」と述べ、明治憲法の諸権利が人権ではなく、天皇の慈悲によって下賜された権利であることを示している。

3　日本国憲法の成立

❖日本国憲法の制定過程

理論的にいえば、日本国憲法成立の発端は、一九四五年八月一四日のポツダム宣言の受諾にあるとされる。すなわち、この宣言は、わが国の無条件降伏を勧告するとともに、日本に対し「民主主義的傾向ノ復活強化」、「基本的人権ノ尊重」の確立、「日本国国民ノ自由ニ表明セル意思ニ従ヒ平和的傾向ヲ有シ且責任アル政府」の樹立等を要求したものであり、この宣言を受諾することは、わが国がこれらの要求を忠実に履行すべき国際法上の義務を負ったことを意味していたからだ。しかしながら、敗戦直後の混乱と虚脱の時期にあっては、このような認識は、政府の内においても、民間においても、いまだ生まれていなかった。

改正問題が具体的に議論されるようになったのは、一九四五年一〇月、連合国軍最高司令官マッカーサーが、時の幣原《しではら》内閣に対し、憲法改正の必要を指示した時点からである。この指示に基づき、幣原内閣は、一〇月二七日、内閣に松本国務大臣を長とする憲法問題調査委員会（いわゆる松本委員会）を発足させた。また、これに少し先立って、東久邇《ひがしくに》内閣当時、近衛文麿がやはりマッカーサーから憲法改正の示唆を受け、内大臣府において憲法改正の調査に着手していた（この作業は一一月の内大臣府廃止にともなって頓挫した）。

しかし、このような改正調査の進展にもかかわらず、当初はなお、政府は憲法改正に消極的だった。むしろ、憲法の文言改正にまで及ぶ必要はなく、明治憲法の弾力的運用と関連諸法の改正とによって憲法の民主化要求に十分対応できるはずだという改正不要論が大勢を占めていた。その後、政府も次第に改正が不可避であることを悟るに至ったが、それでもなお、改正は明治憲法の基本原理に及ぶことなく、必要最小限度にとどめるべきだとして、消極的姿勢を堅持した。この年の暮れに発表された憲法改正に関する基本方針（いわゆる松本四原則）はこのことをよく示している。すなわち、①天皇主権の堅持、②議会の権限拡大と大権事項の若干の縮限、③国務大臣の責任を国務全般に及ぶものとし、議会に対して責任を負うこと、④臣民の権利拡充、の四原則だ。これらの原則は、政府の準備している改正草案が、文字どおり明治憲法の焼直しであることを国民に印象づけた。そして事実、一九四六（昭和二一）年二月一日に毎日新聞のスクープとして公表された松本案は、明治憲法に若干の修正を施す程度のものだったのである。

総司令部は、松本案を日本の民主化にとってまったく不十分なものと考え、これまでの方針を転換して、松本案の正式提出（二月八日）を待たずに、総司令部みずから改正草案の作成を行うことに決した（二月三日）。その際、マッカーサーは改正の指針として、①天皇制の存続、②戦争の全面放棄と軍隊の不保持、③封建制度の廃止と英国型予算制度の採用、の三原則を示した。これをマッカーサー三原則という。総司令部民政局で作成された、いわゆるマッカーサー草案は二月一〇日には完成し、二月一三日、日本側に提示された。日本政府はマッカーサー草案の内容にショックを受け、これに激しく抵抗したが、結局、三月六日、これを原案として「憲法改正草案要綱」を発表した。この草案要綱は、四月一七日、正式に憲法改正草案となり、枢密院の諮詢《しじゅん》を経て、六月二〇日、第六〇回帝国議会に提出された。改正案は両院による若干の修正を経て、一九四六年一〇月七日に成立し、同年一一月三日公布、翌四七年五月三日から施行された。これが現在の日本国憲法である。

❖日本国憲法は押しつけ憲法か

総司令部が当初の方針を転換して独自の草案作成に踏み切ったこと、しかも、実質一週間というきわめて短期間に改正草案を仕上げてしまったことの背景には、以下のような政治的理由があったとされる。すなわち、一九四六年二月二六日には、憲法改正をも含む日本占領の基本政策を決定する極東委員会が発足することになっていたが、これが発足すれば、最高司令官の憲法改正に関する発言力は制約されるものと予想された。そこで総司令部は、米国の意向にかなった憲法改正を行うためには、当委員会の発足前に理想的な草案を日本政府に提示し、しかもそれを日本政府が自主的に作成したものという形式をとって発表させることが適当だと判断したのである。極東委員会の構成国だったソ連、オーストラリア、ニュージーランド等の諸国は、天皇制の廃止を強く要求しており、極東委員会が発足すれば、憲法改正の方針は天皇制の廃止に傾く可能性があった。このことは、国体の護持に汲々としていた日本政府にとって最も避けたい事態だった。マッカーサー草案に激しく抵抗した日本政府が結局この草案を受け入れたのも、国体護持のためには、ともかくも天皇制を残存させているマッカーサー草案を受け入れた方がよほどましだと考えたためだと推測される。この点で、総司令部と日本政府との間には利害の一致があった。

しかしながら、いかなる理由によるにせよ、日本国憲法の原案が占領国の手によって作成されたという事実は、日本の一部保守主義者の間に不満を残す結果となった。彼らは、現行憲法は米国による占領統治下に不本意にも「押しつけられた」憲法であり、民族固有の理念が反映されていないとして、独立を回復した以上、日本人自身の手による自主憲法を制定すべきだと主張する。自主憲法制定論の主張は今日なお根強く、毎年五月三日の憲法記念日には、これを「ゴミの日」と称して憲法改正を唱える集会が催されている。しかし、この主張に対しては、以下のような反論が提起される。

①現行憲法を「押しつけ」と考える前提には、この憲法が圧倒的多数の国民の意にそぐわないものだったとする理解がある。しかし、この理解は事実に反する。むしろ、この憲法の制定当時、国民の大多数はこの憲法を歓迎したからである。「押しつけ」は一部保守主義者にとってそう感じられたにすぎない。

②いわゆる押しつけ憲法論は、この憲法の「内容」よりも「生まれ」に拘泥した議論である。しかし、憲法の価値は、いかにして生まれたかではなく、いかなる内容をもっているかによって測られるべきものである。

③自主憲法制定論は、現行憲法が日本固有の民族精神を反映していないと批判する。しかし、ここでいう固有の民族精神が何を指すのかが問われよう。もしそれが、いわゆる国体思想だとするならば、それは普遍性を欠いている。国体思想とは、日本の国家体制は神格性を有する天皇

が直接統治する、世界に類をみない神国だとする特異な思想だからである。憲法は国際社会に普遍的に妥当する理念に基づくべきものである。国体という普遍性を欠いた特殊な思想に固執することは、かつてこの思想がわが国を独善的な侵略戦争に駆り立てたことへの反省を欠いた考え方である。

④総司令部は、はじめから独自の草案を日本側に突きつけようと考えていたのではなく、むしろ当初は日本政府の自主制定に委ねようとしていたのである。この方針を転換したのは、日本政府の準備した松本案が、国内で発表されていたさまざまな憲法改正試案と比較しても、あまりに微温的・保守的なものでありすぎたためだった。もし、日本政府がわが国の民主化にふさわしい内容の草案を準備していたならば、このような事態は回避されていただろうと考えられる。

戦後に発表されたさまざまな諸政党や諸団体の憲法改正試案をみれば、現行憲法が決して日本の思想状況とは無縁なところから作り出されたものではなく、むしろ、わが国の憲法思想史の系譜に連なる正統な嫡子であることがわかる。たとえば、一九四五（昭和二〇）年一二月に完成した憲法研究会案は、その内容上、現行憲法にきわめて近い。本案は、総司令部にも英訳されて提出されており、総司令部民政局もこれを参考にしたと言われる。また、研究会案は社会権に関する規定をもっており、その内容は議会での審議を通じて現行憲法二五条に反映している。

「国民は健康にして文化的水準の生活を営む権利を有す」（憲法研究会案草案要綱）

「すべて国民は、健康的で文化的な最低限度の生活を営む権利を有する」（日本国憲法二五条一項）

さらに遡れば、憲法研究会案は明治期の民権派の私擬憲法案に関する詳細な研究を踏まえたものであり、ここに日本国憲法にまで至る憲法思想の系譜をたどることができる。

❖日本国憲法制定の法理

日本国憲法公布の上諭に「帝国憲法の改正を裁可し」とあることからもわかるように、現行憲法は明治憲法を改正することによって制定されたものという形式をとっている。しかし、明治憲法から日本国憲法への移行を「改正」というかたちで説明することは、法理上、不可能だと考えられる。

そもそも、憲法の「改正」とは、憲法自身の定める改正の手続条項にしたがって行われる文言の変更をいい、憲法みずからが予想し、容認するところの合法的変更である。とするならば、当然に、改正前と改正後との間には、部分的な文言の変更をともないつつも、本質的な部分における同一性・連続性が保たれていなければならないだろう。もし、改正前と改正後との間に何らの連続性もなく、まったく別個の憲法になってしまうのだとすれば、それは「改正」ではなく、革命による憲法の「破棄」だといわなければならない。つまり、憲法の改正は無限界になされうるものではなく、当該憲法の自己同一性を保証する「生命的部分」については改正の手続をもってしても変更が不可能だと考えるべきである。これを改正限界説という。改正の限界をなす当該憲法の自己同一性を保証する生命的部分とは何か。それは、第一に、憲法制定権力の所在、すなわち主権の所在であり、第二に、その憲法の特徴をなす基本原理である。憲法がみずからの産出母体である制定権力を否定することは自己矛盾を起こすことになるし、基本原理の変更は同一性の放棄を意味するはずだからだ。

ところで、明治憲法から日本国憲法への移行においては、まさに生命的部分である憲法制定権力の所在の変更と基本原理の変更とが起こったのだった。したがって、両者の間には本質的な部分の同一性・連続性が見出されないのであり、こうした変更を「改正」として説明することは法理的に不可能である。明治憲法から日本国憲法への移行は、革命による憲法の「破棄」だったとしなければならないだろう。そこで、次のように理解することができる。一九四五年八月のポツダム宣言受諾の瞬間に、わが国に無血革命が起こり、主権の所在が天皇から国民へと移行したのである。この革命の結果として、旧憲法は破棄され、あらたに憲法制定権力を獲得した国民によって、まったく新しい憲法が制定し直された。こうして成立したのが日本国憲法であり、したがって理論的には、旧憲法と新憲法との間には何らの連続性もないと理解するのである。これを八月革命説という。日本国憲法の制定が明治憲法の「改正」という形式をとったのは、戦後の混乱のなかで、このような革命的な変革を平穏に遂行するためには、旧憲法と新憲法との間にあたかも連続性があるかのような体裁をとることが望ましいという政治的配慮によるものだったといえよう。

❖日本国憲法における天皇制

明治憲法から日本国憲法への移行は主権の所在の変更と基本原理の変更をともなう、法理上の

「革命」だった。マッカーサー三原則に基づいて天皇制は存続したものの、憲法前文に「ここに主権が国民に存することを宣言し」とあり、また一条に「主権の存する国民」とあるように、天皇主権は明文をもって否定され、国民が主権者となった。一条は天皇を「日本国」および「日本国民統合の象徴」と規定する。「象徴」という言葉の意味するところは必ずしも明らかではないが、一条があえて天皇をこのように規定したことの意義は比較的明らかである。それは、もはや天皇は主権者ではなく、象徴という機能以外の何ものも有していないという、天皇の無権能性を宣言したものだということだ。

とはいえ、元来君主制の原理である天皇制と民主制の原理である国民主権とは、少なくとも理念上、両立は困難だといわなければならない。そこで、日本国憲法には、天皇制と国民主権との調和を図ろうとする工夫がみられる。すなわち、国家意思の実質的内容を決定する「国政に関する権能」は国民に帰属させることで国民主権を実現させるとともに、天皇に関してはこの権能を否定し、形式的・儀礼的行為たる国事行為のみを帰属させることで君主制の特性を活かそうとしているのだ（四条）。天皇の国事行為としては、内閣総理大臣の任命、最高裁判所長官の任命（六条）のほか、七条に列挙された一〇項目があり、天皇はこれらの国事行為を内閣の助言と承認のもとに行う。これらに列挙されていない天皇の公的行為（国会開会式の「おことば」や公的な外国訪問など）は違憲の疑いがある。また、即位の際の大嘗祭など、皇室固有の儀式を公的行為として挙行することにも違憲の疑いがある。

終戦の詔書には「朕は茲《ここ》に国体を護持しえて、……常に爾《なんじ》臣民と共に在り」と述べられているが、本来「国体」とは単に天皇が存在している国家体制をいうのではなく、神勅に由来する主権を有し、神格性をもった天皇が存在している国家体制をいうのだから、日本国憲法に至って「国体」は変革したのではなく、消滅したのだと考えるのが妥当だろう。日本国憲法における天皇の地位は神勅に由来するものではなく、「国民の総意」に由来する。逆にいうならば、現行天皇制は「国民の総意」によって廃止しうる改正の限界内にある。このことは、天皇主権が憲法の「生命的部分」を構成していた明治憲法と決定的に異なる点である。

TOPIC

女性の作った憲法条文

日本国憲法の原型となったGHQ案の作成には、当時二二歳の女性が加わっていた。彼女の名はベアテ・シロタ。著名なピアニストだった父に連れられて五歳から一五歳までの幼少期を日本で過ごした。その経験がかわれて、GHQの民政局に参画したのだ。

ベアテ・シロタ嬢
（ドキュメンタリー工房提供）

幼い頃から、日本の女性に人権が保障されていない実態をつぶさに見つめ、心を痛めていた彼女は、人権条項を担当した。外出先では必ず夫の数歩あとを歩かなければならない女性たち、平気で妾との同居を強いられる女性たち、しかも一方的に離婚を申し渡される女性たち、そんな日本の女性たちの姿が彼女には悲しかった。「女子供」という侮蔑の表現は民法にもそのまま制度化されていた。そこで彼女は、やがては男性の手で書かれるであろう民法に先んじて、憲法のなかにぜひとも女性の人権を保障する条文が必要だと考えたのだ。むろん、GHQ内での彼女の闘争もたやすくはなかった。彼女の書いた原案は次々とカットされ、彼女はくやしさのあまり、民政局次長ケーディスにしがみついて、泣きじゃくったこともあるという。

しかし、彼女の闘いは無駄ではなかった。現在、彼女の原案は憲法二四条、二六条、二七条などに残されている。若き人権の闘士の記念碑的な条文だ。

（葛生 栄二郎）

第3章　平和主義

1　九条と自衛隊

❖憲法九条の制定

日本国憲法が規定する平和主義には、どのような特徴があるのか。第一に、国際社会が到達した侵略戦争の放棄を越えて、「自衛戦争」も放棄している点である。金森徳次郎大臣は、憲法制定議会で同旨の答弁をしている。マッカーサー草案の基調とされた「マッカーサー・ノート」でも、「日本は、紛争解決の手段としての戦争、および自己の安全を保持するための手段としてのそれをも放棄する」とされていた。

第二に、放棄の対象を「国権の発動たる戦争」（宣戦布告等の戦争の意思表示によって開始され、戦時法規の適用を受ける）だけでなく、「武力による威嚇」（武力を背景に相手国に脅迫行為を行うこと）、「武力の行使」（戦争の意思表示を示さずに行われる国家間の事実上の武力衝突）にまで拡大している点である。これは、日本が中国に対する軍事行動を宣戦布告のないことを理由に「満州事変」・「支那事変」と呼び、戦時法規の適用を免れようとした脱法行為を認めない趣旨で規定されたものである。

第三に、平和の価値を積極的に実現するために、人々の「平和的生存権」を規定する点である。平和的生存権とは、全世界の国民が有する「ひとしく恐怖と欠乏から免かれ、平和のうちに生存する権利」（前文二段）である。これは、社会構造のなかに組み込まれた貧困や飢餓、環境破壊等の不平等な力関係に着目する「構造的暴力」の概念（ヨハン・ガルトゥング）や、安全保障を人間との関わりで捉えなおし、武力による平和の実現ではなく、戦争の原因である恐怖や貧困を解決することによって平和を実現しようとする「人間の安全保障」（国連開発計画〔UNDP〕『人間開発報告書一九九四』）を先取りするものであり、日本国憲法の先見性を強く刻印している。

このように、日本国憲法は一切の戦力を放棄し、完全な非武装を実現することで平和を維持しようとする「絶対平和主義」（「非武装中立」の原則）を採用したものであり、武力行使を制限的にではあれ容認する従来の平和主義とは明らかに異なる特徴を有している。ただし、憲法九条の制定過程をめぐってはさまざまな問題がある。

第一に、「マッカーサー・ノート」に表れた戦争放棄条項の発案者が誰かという点である。①マッカーサーとする説、②幣原喜重郎首相とする説、③幣原の平和主義思想と会談での発言を前提に、マッカーサーが決断した日米合作とする説、④天皇が戦争放棄を宣言すれば日本の国際的評価が高まるのではないか、とするケイディスのアイディアを受けて、ホイットニーが幣原に勧めたとする説等が主張されている。これら諸説は、それぞれ憲法制定に関わった者の証言を根拠とするが、その正確性や信憑性への疑問が指摘されており、いずれが真実を表したものであるか決め手はない。

第二に、憲法制定過程からすれば、自衛戦争は放棄されていないと解釈できるとする議論である。すなわち、①自衛戦争の放棄を謳《うた》う「マッカーサー・ノート」の真意は、日本の軍国主義の排除にあるのであって、軍隊の不保持や自衛戦争の放棄までも意図していたわけではないとする理解、②二項の冒頭に「前項の目的を達するため」という文言を挿入した「芦田修正」が、自衛戦争の放棄を含まないようにとの意図でなされたものだったとする理解である。しかし、②については、芦田が当時からこのような意図で修正案を提示したということには疑問が提示されており、また、かりに、①および②が事実であったとしても、憲法制定に直接関与した者の個別的意思の解明から具体的な憲法解釈が導き出されるわけではなく、平和主義の解釈論としては不十分といわざるをえない。

❖自衛戦争と自衛隊の合憲性

日本の再軍備化路線は、一九四九年一〇月の中華人民共和国の成立と一九五〇年六月の朝鮮戦争の勃発に始まる。冷戦構造のなかで、米国の対日政策は日本の軍国主義復活の阻止から社会主義に対する防波堤化へと移った。具体的には、①朝鮮戦争の勃発および在日米軍の朝鮮派遣を受け、日本国内の治安維持を目的として警察予備隊が創設され、②一九五二年七月には、「保安庁法」の制定にともない警察予備隊が保安隊に改組され、③一九五四年六月には、「自衛隊法」および「防衛庁設置法」（防衛二法）が制定され、保安隊は自衛隊に改められた。この間、自衛力の増強と軍事費の増大が進められていった。

自衛隊の合憲性をめぐっては、学説および法廷において激しい議論が展開された。まず、自衛戦争の放棄については、一項の「国際紛争を解決する手段としては」の文言が、①「国権の発動たる戦争」、②「武力による威嚇」、③「武力の行使」のうちどこまでかかるか、また、二項の「前項の目的」をどのように解釈するかという問題への対応により、限定放棄説（A）と全面放棄説（B、C、D）に分かれている。

（A）限定放棄説　　自衛戦争は放棄されていないとする見解である。これは、「国際紛争を解決する手段」は①〜③すべてにかかるとみて、「国際紛争を解決する手段」としての戦争とは、国際法上の用語では、「国家の政策の手段としての戦争」、すなわち、侵略戦争を意味すると考えられているため、一項では自衛戦争は放棄されないと解する。また、二項の「目的」とは、一項で定める侵略戦争放棄という目的と捉えるべきとする。

（B）二項全面放棄説　　一項と二項全体で自衛戦争も放棄されているとする見解である。これは、一項の解釈はA説と同じであるが、二項の「目的」を一項の「正義と秩序を基調とする国際平和を誠実に希求」することを指すと捉え、二項の戦力の不保持および交戦権の否認により自衛戦争も事実上不可能となると考える。

(C)一項全面放棄説　二項の解釈を待たずに、一項のみで自衛戦争も放棄されているとする見解である。これは、「国際紛争を解決する手段」が①〜③すべてにかかるとする点ではA・B説と同じであるが、侵略戦争と自衛戦争の区別が不明確であること、また、侵略戦争も自衛の名で行われてきた歴史的事実から、一項により一切の戦争が放棄されているとする。

(D)自衛戦争放棄・自衛力留保説　C説と同様に、一項のみで自衛戦争も放棄されているとする見解である。ただ、これは、「国際紛争を解決する手段」が②と③のみにかかるとする点でABCのいずれとも異なる理解を示し、①のすべてと「国際紛争を解決する手段として」の②・③が放棄されるとする。その結果、国内での武力行使、すなわち、不法に侵入した外国部隊を排除するため武力を行使すること(自衛力)は、「国際紛争を解決する手段」には該当せず、憲法九条によっては禁止されない。

これらのうち、A説は妥当でない。なぜならば、「前項の目的」の解釈が形式的にすぎ、また、結果的に自衛戦争は放棄されないという解釈に至りうる立場は、二項の存在理由を失わせることになるからである。九条が自衛戦争を放棄していないとするならば、軍隊の指揮統制やその編成に関する規定が憲法上存在しなければならないことからも、その問題点を指摘することができよう。また、D説にも問題がある。この説は英文を根拠とするが、日本語の憲法成文では、「国際紛争を解決する手段」の文言が①〜③すべてにかかることは明白だからである。したがって、B説かC説が妥当ということになるが、国際法上の用語例に配慮したB説が妥当といえよう。日本政府がこれまで採ってきた見解も、同旨である。

❖自衛権・戦力と自衛隊の合憲性

自衛隊の合憲性は、九条二項で不保持とされた「戦力」の解釈および自衛権の理解をめぐっても展開された。日本政府は、その合憲性を説明するため政府見解の変更により対応した（解釈改憲）。

憲法制定当時、政府は次のように述べていた。①「戦力」とは、一切の対外的実力を含む（警察力を超える実力説）。②自衛権とは、急迫または現実の不正な侵害に対して、国家が自国を防衛するためにやむをえず行う一定の実力行使の権利を意味し（個別的自衛権）、これは形式的には放棄されないが実質的に放棄される（実質的放棄説）。その理由は、満州事変や大東亜戦争等の近年の戦争が自衛権の名で戦われたこと、また、正当防衛を認めることは戦争を誘発する有害な考えであることである。

ところが、政府は「戦力」について、警察力を超える実力説を排し、一九五二年には、近代戦争遂行に役立つ程度の装備、編成を備えるものを戦力とする見解（近代戦争遂行能力説）、一九五四年以降は、自衛のために必要な最小限度の実力を超えるものを戦力とする見解（自衛に必要な最小限度をこえる実力説）を採っている。自衛隊は、自衛のために必要な最小限度の実力を超えるものではないため合憲とするのが政府の説明である。

　また、自衛権をめぐっては、自衛権は憲法のもとでは完全に放棄されているとする完全放棄説、自衛権は主権国家に固有の権利であり、国家は当然に自衛権を有するとする自衛権留保説が主張され、また、自衛権留保説のなかにも、自衛権の内容について、①自衛戦力留保説（自衛戦争を行うために必要な戦力の保持を否定しないとする。自衛戦争に関する限定放棄説が採る見解）、②自衛力留保説（自衛権の発動は戦力に至らない実力によって行われる限りで合憲とする）、③非武装自衛権説（自衛権は警察力を超える実力を用いて行使される場合には違憲とする。外交交渉、警察力、民衆による群民蜂起等によって行使される）が主張されている。

　このうち、現在の政府見解は、実質的放棄説から自衛力留保説へと変更され、自衛に必要な最小限度を超えなければ戦力に該当せず、自衛権の行使として許されるとする。また、その要件として、①急迫・不正・現実の侵害があること（違法性）、②それを排除するために他に手段がないこと（必要性）、③実力行使は侵害を防禦するために必要最小限度の方法に限られるということ（均衡性）の三つの原則をあげている。

　なお、判例では、長沼事件（防衛庁〔現・防衛省〕が、航空自衛隊基地を建設するため国有保安林の指定解除の申請をし、農林大臣がそれを認めたところ、住民等がこの解除処分の取消を求めて争った事件）での第一審判決（札幌地判一九七三年九月七日＝福島判決）は、非武装自衛権説の立場を採り、自衛隊を違憲と判断した。他方、百里基地訴訟（防衛庁が、航空自衛隊基地を建設するため民有地の買収をしたところ、その土地の地主が、先に売買契約を締結し後に契約を解除した者を相手に、国とともに所有権移転仮登記の抹消等を求める訴えを提起した事件）における第一審判決（水戸地判一九七七年二月一七日）は、自衛戦力留保説をとっている。

以上のうち、自衛戦力留保説は、自衛戦争が放棄されていないと解する点で妥当ではなく、また、自衛力留保説には、「自衛に必要な最小限度」という基準が戦力の歯止めとはなりえない点で問題がある。「自衛に必要な最小限度」の名目であれば、兵器の規模には限界がなく、防御用であれば、核兵器であると通常兵器であるとを問わず、これを「保有」することは憲法上可能であるとし、また核兵器の「使用」ですら可能とされている。

以上のことを踏まえるならば、自衛権それ自体が放棄されているとする完全放棄説、または、自衛権が留保されているとするならば、警察力を超えることができないとする非武装自衛権説のいずれかが妥当といえよう。なお、完全放棄説であっても、外交による解決や警察力による国内の治安維持が否定されないのは当然である。また、非武装自衛権説に立つ場合、自衛権概念の濫用をいかに抑止するかが問題となろう。

2　安保体制とオキナワ

❖新旧安保条約から安保再定義へ

一九五一年九月、サンフランシスコで平和条約が調印され、同時に「日米安全保障条約（旧安保条約）」が調印された。しかし、「旧安保条約」は、米軍による日本の防衛義務を明記していない等、不平等な枠組みを含むものであったため、すぐに改定の対象となり、六〇年に現行の「新安保条約」となった。その特徴は以下の点である。①日本側も防衛力を増強することとなった（三条）。②日米の共同防衛行動は、地理的にも手続的にも限定されたものである（「日本国の施政の下にある領域における、いずれか一方に対する武力攻撃」があった場合で「自国の憲法上の規定及び手続」にしたがうこと〔五条一項〕）。③米軍の日本駐留の目的が、「日本国の安全」だけでなく「極東における国際の平和及び安全の維持」にも拡張され（六条一項）、駐留米軍が日本から出撃をして軍事行動をとることが認められている。

その後、「安保条約」は、冷戦の終結により世界の不安定化がもたらされるなか、自衛隊の積極的活用や日米安保体制のさらなる強化を進めるべく見直しをされるようになる。それが「安保再定義」であった。安保再定義とは、ソ連崩壊後の世界戦略・軍事力に関する米国での議論を受け、現安保軍事体制を見直し、強化を図ること意味する。それは、従来の日米安保体制の枠組みをはるかに超えた「アジア・太平洋地域の平和と安定」を存在理由とする同盟関係の確立を目指すものであった。

その結果、新「日米防衛協力の指針（ガイドライン）」が策定され（一九九七年九月）、これを具体化するため、「周辺事態法」・「船舶検査活動法」の制定、「日米物品役務相互提供協定」の改定がなされた。しかし、これらの法整備には、①「周辺事態」概念の不明確性のため、日本による対米協力の地理的・時間的限界も存在しないこととなり、専守防衛政策と相容れないのではないか、②自衛隊の活動範囲とされる「後方地域」と「戦闘地域」との区別が可能であるとする想定は非現実的ではないか、③後方地域支援や軍事情報の交換の活動は、自衛隊と米軍との一体化をもたらし、集団的自衛権ないし武力行使に該当し、違憲ではないか、④米軍ないし米国政府の軍事戦略によって自衛隊が海外派遣を迫られ、意図しない紛争に巻き込まれるのではないか等、多くの問題点が指摘されている。

❖安保条約の合憲性と集団的自衛権

「日米安保条約」は、軍事力による平和を志向するものであるため、その合憲性が議論されてきた。

第一に、米軍基地等に対する共同防衛行動（「安保条約」五条）の合憲性が問題となる。米軍基地が他国によって攻撃を受けた場合に、自衛隊も米軍とともに防衛行動をとることとされるが、これは集団的自衛権に該当し、違憲ではないか。集団的自衛権とは、自国と密接な関係にある外国に対する武力攻撃を、自国が直接攻撃されていないにもかかわらず、実力をもって阻止する権利をいう。政府見解は、国際法上、国家は集団的自衛権を有するものとされ、日本も国際法上、集団的自衛権を「有する」が、それを「行使する」ことは自衛権の範囲を超えるもので憲法上許されないと説明してきた。

そのうえで、政府は、この共同防衛行動が集団的自衛権には該当せず、違憲ではないとした。米軍基地等に対する攻撃は日本の領土に対する攻撃であり、自衛隊は個別的自衛権で対処するのであって、自衛のための必要最小限度の実力としての自衛力の範囲内の問題とするためである。しかし、政府見解には問題がある。①在日米軍は、「極東」において広範囲で活動するのであり、日本の領域内における米軍への攻撃が直ちに日本に対する攻撃とはいえない、②そうであれば、個別的自衛権の行使要件である違法性・必要性・均衡性が常に充たされているとはいえない、③逆に、日本がとった軍事行動が、日本による違法な武力行使ないし先制攻撃として、他国に対し適法に日本を攻撃する口実を与えることになってしまう等の疑問がある。

第二に、在日米軍は、憲法九条二項の「戦力」に該当し、違憲ではないかという問題である。この問題は、砂川事件（米軍立川飛行場の拡張計画に反対する住民等が境界内に立ち入った行為が、「旧安保条約第三条に基づく行政協定に伴う刑事特別法」違反として起訴された事件）で争点となった。第一審判決（東京地判一九五九年三月三〇日＝伊達判決）は、日本が「合衆国軍隊の駐留を許容していることは、……戦力の保持に該当する」とし、在日米軍は「憲法上その存在を許すべからざるもの」と述べ、「刑事特別法」二条の規定を無効、被告人を無罪とした。

他方、最高裁（最大判一九五九年一二月一六日）は、①「戦力とは、わが国がその主体となってこれに指揮権、管理権を行使し得る戦力をいう」とし、日本に駐留する外国の軍隊は、「戦力には該当しない」こと、②「安保条約」が「主権国としてのわが国の存立の基礎に極めて重大な関係をもつ高度の政治性を有するものというべきであって、……一見極めて明白に違憲無効であると認められない限りは、裁判所の司法審査権の範囲外のものであ」ること、③合衆国軍隊の駐留は「違憲無効であることが一見極めて明白であるとは、到底認められない」ことから、原判決を破棄・差戻した（差戻後、第一審判決は被告人らに罰金二千円の有罪判決を下し、控訴審、最高裁ともそれを支持した）。しかし、米軍の駐留を認めているのは日本であり、その日本政府の行為が憲法の拘束から免れるとする解釈には無理がある。第一審判決が妥当であろう。

❖沖縄の米軍基地

第二次大戦後の沖縄では、米軍の「銃剣とブルドーザー」により基地建設が大規模に行われ、今でも全国の米軍専用基地の七五％が集中している。そこでは、米軍・米軍人の事件・事故で、多くの基地被害が繰り返され、この実態は、一九七二年五月の沖縄返還以降も変わっていない。在日米軍による米軍基地の使用や在日米軍の地位については、「日米地位協定」で規定されている。「日米地位協定」およびこれに基づく国内法により、日本による米国への基地の提供、米軍による基地の使用、米国による基地の返還に関する規定、また、基地の使用に伴って生じるさまざまな問題点を解決するための規定が定められている。

しかし、「日米地位協定」には、日本の統治権の制限、すなわち、行政権や司法権を大幅に制約することにより、米軍に有利な特権を与えているという問題がある。基地被害の現状を改善すべく、沖縄県側から、「日米地位協定」の改定を訴えたり、県民投票が実施されたり、「駐留軍用地特措法」で土地の強制収用に必要な手続として定められた署名等の代行を県知事が拒否したり（最大判一九九六年八月二八日は、「駐留軍用地特措法」を合憲と判断し、県知事に対し、本件署名等の代行を命じる判決を下した）と、異議申立がなされてきた。

こうしたなか、沖縄の基地負担の軽減を図り、基地の整理・縮小・統合を目指して「沖縄に関する特別行動委員会（ＳＡＣＯ）」が設置された。一九九六年一二月に最終報告が出され、普天間飛行場を含む六施設の全面返還や北部訓練場等五施設の一部返還が合意された。しかし、五年ないし七年以内とされた普天間飛行場返還は、名護市辺野古キャンプ・シュワブ沖を移設先とする案に対する住民の強い反対に会い、実現をみていない。二〇〇六年五月には、米軍再編を実施するためのロードマップが合意され、普天間飛行場代替施設として、キャンプ・シュワブの施設および隣接水域にＶ字型に二本の滑走路を配置する案へと変更されたものの、住民の頭越しの移設決定に対する反対は収まっていない。

3　日本国憲法と国際平和

❖自衛隊海外派兵禁止と国際貢献論

一九五四年に自衛隊が設置された際、参議院本会議では、「自衛隊の海外出動を為さざることに関する決議」がなされ、「本院は、自衛隊の創設に際し、現行憲法の条章と、わが国民の熾烈なる平和愛好精神に照し、海外出動はこれを行わないことを、茲《ここ》に更めて確認する」とされた（六月二日）。この考え方にしたがい、政府はこれまで、海外派兵は憲法で認められた自衛権を超えるものであり認められないとする見解をとってきた。

ところが、一九九〇年八月に始まる湾岸危機・湾岸戦争を契機に、国際貢献論が高まりをみせた。これは、自衛隊の海外派兵を可能にするためのＰＫＯ活動や国連軍（「国連憲章」第七章）への参加等を積極的に認めようとする議論であった。しかし、海部内閣が国連平和活動への自衛隊参加を可能にする法整備に失敗し、適切な対応をとることができなかったこと、日本は総額百三〇億ドルもの財政支援を行ったにもかかわらず、国際的な評価は低かったこと等が強調され、湾岸戦争時の「苦い記憶」としてその後の国

米軍実弾射撃訓練
（写真提供：毎日新聞社）

際貢献論をさらに後押しすることになった。

結果的に、自衛隊の海外派兵ルートの開拓に最大の努力が払われ、掃海艇の派遣（「自衛隊法」八四条の二）、在外邦人等の救助（「自衛隊法」八四条の三）、国連平和維持活動（「自衛隊法」三条二項二号、「PKO協力法」）、周辺事態における後方地域支援（「自衛隊法」八四条の四、「周辺事態法」、「船舶検査活動法」）を理由とする海外派兵への途が開かれた。また、「テロ対策特措法」により、二〇〇一年九月一一日に米国で発生した同時多発テロへの対処として、自衛隊はインド洋上の公海で米軍等に対し物品・役務等の提供を行った（一〇年一月で終了）。さらに、「イラク人道支援特措法」に基づき、米国等による武力攻撃により崩壊したフセイン体制後のイラクに対し、医療・給水・施設復旧等の人道復興支援活動が実施された（〇九年二月で終了）。現在では、アフリカのソマリア沖で出没する海賊に対処するため「海賊対処法」が制定され、護衛活動が行われている（〇九年七月以降）。加えて、これまでのような時限立法や目的別の派遣法では対応が不十分となるため、「自衛隊海外派遣恒久法」を制定すべきとする議論も行われている。

❖海外派遣に関する政府見解

「自衛に必要な最小限度の実力」の保持を合憲とする政府見解を前提とする限り、国連への加盟自体は憲法に抵触しない。問題とされたのは、国連が行うさまざまな活動に自衛隊が参加できるかという点であった。政府見解は次のように説明してきた。第一に、「海外派兵の禁止」原則の射程である。武力行使の目的をもって武装した部隊を他国の領土、領海、領空に派遣する「海外派兵」と、武力行使の目的をもたないで部隊を他国へ派遣する「海外派遣」とを区別し、後者は違憲ではないとされた。従来の自衛隊の海外での活動は、武力行使を目的としない「海外派遣」として位置づけられ、合憲とされてきたのであった。

第二に、外国軍の武力行使と一体化した活動は、「武力の行使」（九条一項）に該当し、違憲とする解釈である。日本に対する武力攻撃がなく、かりにみずからは直接武力行使をしていない場合でも、他国が行う武力行使への関与の密接性等から日本も武力行使をしたという法的評価を受ける場合には、違憲となる。この考え方を「一体化論」という。一体性に関する具体的な判断基準として、①戦闘行動が行われている、または行われようとしている地点と当該行動の場所との地理的関係、②当該行動の具体的内容、③各国軍隊の武力行使の任にあるものとの関係の密接性、④協力しようとする相手方の活動の現況等の諸般の事情を総合的に勘案して個々具体的に判断するとする。このうち、①と②が重要とされる。①については、「後方地域」（「周辺事態法」）、「非戦闘地域」（「テロ対策特措法」、「イラク人道支援特措法」）が設定され、前線・戦闘地域での活動は認められていない。②については、武器・弾薬の提供や陸上輸送が支援内容から除外された（「テロ対策特措法」。もっとも、「イラク人道支援特措法」では、武器・弾薬の陸上輸送は除外されていなかった）。

第三に、自衛隊による国連軍への「参加」「協力」に関する解釈である。政府見解は、まず、国連軍の目的・任務が武力行使をともなうものと、それをともなわないものとに区別し、前者であれば、自衛隊の「参加」は違憲であり、後者であれば合憲とする。ここでいう「参加」とは、国連軍の司令官の指揮下に入り、その一員として行動することを意味する。他方、「協力」とは、国連軍に対する「参加」を含む広い意味での関与形態を表すものであり、国連軍の組織の外にあって行う「参加」に至らない各種の支援をも含むとされる。この「協力」については、国連軍の目的・任務が武力行使をともなうものであっても、国連軍の武力行使と一体とならないようなものは合憲とされている。

❖海外派遣の憲法問題

国連軍の目的・任務については、①国連の強制行動（「国連憲章」第七章）に用いられるものと、②停戦監視や平和維持活動（ＰＫＯ）に用いられるものとがある。①や②の停戦監視団は、目的・任務が武力行使をともなうものであるため、自衛隊の「参加」は違憲となる。他方、平和維持活動について、目的・任務として武力行使をともなう平和維持軍（ＰＫＦ）への自衛隊の「参加」については、政府は、みずからは武力行使をしないこと、および平和維持軍などの組織と一体化しないことを前提に、違憲ではないとした。これは、武力行使をともなう目的・任務を有する組織への「参加」を違憲としてきた従来の政府見解を実質変更するものといえる。この解釈のもとで、一九九二年に、ＰＫＯ参加五原則（①停戦合意の存在、②日本の参加に対する受入国などの同意の存在、③日本が参加するＰＫＦの中立性を保った活動、④上記①～③の原則のいずれかが満たされなくなった場合における日本の撤収、⑤要員等の生命または身体の防衛のための必要最小限度の武器使用）とＰＫＦ本隊業務の凍結の二つを条件とする「ＰＫＯ協力法」が制定された。

ＰＫＦ本隊業務の凍結とは、平和維持隊本隊業務（ＰＫＦ。「ＰＫＯ協力法」三条三号イ〜ヘ）と平和維持隊後方支援業務（ＰＫＯ）とに区別し、前者につき「別に法律に定める日までの間は、実施しない」とされたことを指すが、二〇〇一年に「ＰＫＯ協力法」が改正され「解凍」されている。また、同法の改正や「テロ対策特措法」・「イラク人道支援特措法」等の制定にともない、自衛隊の防護対象の拡大や武器使用要件の緩和がみられる。すなわち、制定当初の「ＰＫＯ協力法」では、①防護対象につき、「自己または自己と共に現場に所在する他の隊員」に限定され、②武器使用の要件につき、正当防衛・緊急避難の場合に限るとされ、また、その判断も組織的な戦闘行動にならないよう個々の隊員の判断で行われるとされていた。しかし、現在では、①につき、「自己の管理の下に入った者」のためにも武器使用が認められ（「テロ対策特措法」、「イラク人道支援特措法」も同旨）、傷病兵、被災民、国際機関の職員のみならず他国のＰＫＯ要員や武装した隊員も含むこととされた。また、②については、原則として上官の命令によるものとされ、さらには武器等を防護するための武器使用（「自衛隊法」九五条）が、海外派遣の場面でも認められている。

しかし、「ＰＫＯ協力法」には、さまざまな問題が存する。憲法九条一項についての全面放棄説および同条二項についての完全放棄説または非武装自衛権説を前提とする場合、違憲の疑いを払拭できない自衛隊がこうした活動に従事することは認められない。かりに、政府見解を前提としても、個別的自衛権で初めてその存在および活動を正当化されうる自衛隊が、なぜ個別的自衛権の行使以外の場面に出動しうるのか。政府の解釈は、憲法上許容しうる場合（個別的自衛権）と禁止される場合（「海外派兵」、集団的自衛権の行使、他国の軍隊との一体化）との間に隙間を作り出しそれを拡張することで、新しい自衛隊の任務を合憲としてきたのであり、憲法解釈の手法として重大な難点を含むものといわざるをえない。

また、防護対象の拡大や武器使用要件の緩和は、武器使用の場面の増大を引き起こし、それが組織的な戦闘行動として「武力の行使」に該当する場面も容易に想定される。現場の判断次第で内閣の予期しない事態の発生も考えられ、ともすれば自衛隊に対する「文民統制」の趣旨からの逸脱も懸念される。「イラク人道支援特措法」のもとで行われたイラクにおける航空自衛隊の空輸活動を政府見解に立ったうえで違憲と判断した判決（名古屋高判二〇〇八年四月一七日）を誠実に受け止め、憲法の趣旨に基礎づけられた国際貢献のあり方が追求されなければならないだろう。

TOPIC 東アジアの平和維持と日米安保の「闇」

北朝鮮は、一九九三年に「核拡散防止条約（NPT）」からの脱退を宣言し、その後もミサイル発射実験や核実験を実施してきた。二〇〇六年一〇月には、国連安保理事会が北朝鮮の核実験に対して制裁決議を行ったり、北朝鮮を含む六者協議が開催されて、核を放棄させるよう国際的な取組みもなされてきている。しかし、他方で、北朝鮮の動向は、日本国内で、敵基地攻撃論や核武装論等の深刻な過剰反応を引き起こしている。

東アジアの非核化を進め、平和と安定を確保するため、日本政府が果たすべき役割は何であろうか。これまで日本政府は、非核三原則（「核兵器を持たず、作らず、持ち込ませず」）を国家政策としてきた。ところが、日米安保の「闇」が、非核三原則を大きく揺さぶる事態となった。日米両政府間で合意された「密約」（核搭載の艦船や航空機の日本への寄港・通過は、事前協議が必要となる「持ち込み」には該当しない等とする秘密合意）の存在は、この原則の虚構性を暴くこととなったのである。東アジアの緊張状態を前にして、日本は非核三原則を修正し、軍拡路線へと舵《かじ》を切るべきなのであろうか。

過去の政府による説明の虚偽性が明らかになったことを受けて、米軍の核搭載艦船を核抑止力として利用すべきとする理由から、陸上への持ち込みのみを禁止する「非核二・五原則」案も主張された。しかし、民主党を中心とする日本政府は、非核三原則を従来どおり堅持することを表明した（二〇一〇年三月）。これを契機に、非核三原則の法制化や国際的な核軍縮・核不拡散への積極的取組みなど、「核なき世界」へ向けた重要な役割を果たす必要があろう。

（髙作　正博）

第4章　法の下の平等と差別問題

1　法の下の平等の理念

❖平等思想の展開

「平等」の思想は、近代から現代に至る過程で大きく変わっている。近代は古い身分制社会から個人を解放し、自由かつ平等な個人を作り出すことを目指した近代市民革命により幕を開いたが、そこでは人の現実のさまざまな差異を一切無視して、人である以上、同じ人間として一律平等に扱うべしという平等観（形式的平等）、したがって、形式的な機会均等の要求（機会の平等）が「平等」

思想の内容であった。

これに対し、資本主義の発展にともなう貧富の差の増大に対処するため、現代においては、各人が置かれた現実の状況の差異に着目して、その格差是正を行うべしとする平等観（実質的平等）、したがって、配分・結果の均等の要求（条件・結果の平等）が求められてきた。これは、現代福祉国家を擁護し、社会福祉立法を正当化したり社会政策を推し進める理念的役割を果たしてきた。

他方、国家財政の破綻状況を前に、平等や福祉の過剰を指摘し、自由と平等を対立したものと捉えたうえで、自由、とりわけ経済的自由に対する国家介入がもたらす弊害を除去し、自由を優先すべきとする主張もみられるようになった（新自由主義）。しかし、この見解には、そもそも個人主義原理には自由が平等に配分されるべきことが要請として含まれているのだから、自由と平等とは対立するものではないという原理的批判、また、市場のもつ自律的調整作用には限界があり、それを修正したり補完したりする国家の役割は依然として重要ではないかという批判等が妥当しよう。

❖日本国憲法の「平等権」

平等思想に関するこのような歴史的潮流のなかで、日本国憲法は「法の下の平等」を一般的に宣言し（一四条一項）、貴族制度の廃止（同条二項）、家族生活における男女平等（二四条）、等しく教育を受ける権利（二六条）、参政権の平等（四四条但書）等について規定している。ここでいう平等権とは、どのような意味であろうか。

第一に、近代的意味の平等、すなわち、形式的平等の保障を原則とするものと解すべきであろう。その理由として、結果の平等の完全な実現は、さすがに自由の理念と両立しないこと（どんなに頑張っても、結果が同じになってしまう）、また、近代立憲主義の延長線上に位置する日本国憲法は自由の理念と調和した平等の理念に基づくものと考えられること等をあげることができよう。もっとも、憲法は、同時に社会権をも保障しており、実質的平等についても許容するものと解される。実質的平等の理念によって異なる取り扱いをすることも認める場合があり、形式的平等に例外を認め、それを相対化することで、両者の平等観の調和を図っているものと理解すべきであろう。

したがって、第二に、平等権は、各人が有する事実上の実質的な差異に応じて異なる取り扱いを許容するのであり、「合理的な区別」を認める趣旨と解される（相対的平等）。また、合理性の要請は「比例的平等」でなければならず、①異なる法的取り扱いは、事実上の実質的な差異を考慮して必要なものであること、また、②必要性があるとしても、法的取り扱いが立法目的と比例していることが求められると解される（合理性の判断方法については後述）。もっとも、以上のことは、平等権が異なる法的取り扱いを求める積極的権利（自分だけに特別に配慮するよう求める権利）を含まないことに注意が必要である。次に述べるように、平等権は消極的自由権として理解すべきである。

第三に、平等権は無内容ではない。この点、平等権の問題は、それぞれの人権をしっかり保障すれば実現されるのであり、平等権に固有の意義は認められない、と説く見解も存する。しかし、このような見解は妥当ではない。平等権を異なる法的取り扱いからの自由という消極的権利と捉えれば、平等権は異なる取り扱いの排除請求権として理解されることとなり、個別の基本的人権とは別の規範内容を有することとなる。自己の自由権侵害が違憲である、あるいは積極的権利の保障立法が不十分である、と主張することと、他者や他の事情と比較して、自己の取り扱いが不平等であると主張することとは同じではない。

第四に、平等「権」を平等「原則」から区別し、憲法訴訟論と接続させたうえで、国家から優遇的取り扱いまたは標準的取り扱いを受ける者は、平等権侵害を主張することはできず、標準よりも不利益な取り扱いを受ける者のみが、平等権侵害を主張しうる、と説く見解も存する。しかし、先に述べたとおり、平等権侵害は他者や他の事情とは異なる取り扱いが存する場合に発生していると解することができ、それは、不利益取り扱いを受ける者が標準的取り扱いを受ける者との不平等を主張する場合であれ、標準的取り扱いを受ける者が優遇取り扱いを受ける者との不平等を主張する場合であれ、変わるものではないのである。この限りで、権利と原則とをことさらに区別する意義は存しないと解すべきである。

❖「法の下の平等」規定の解釈論

「すべて国民は、法の下に平等であつて、人種、信条、性別、社会的身分又は門地により、政治的、経済的又は社会的関係において、差別されない」と規定する「法の下の平等」規定（憲法一四条一項）の解釈をめぐっては、さまざまな問題がある。

第一に、前段の解釈について、「法の下の平等」とするのは、「法」を執行・適用する行政権および司法権に向けられたものであって、法適用の平等を意味すると解する見解がある（立法者非拘束説）。これは、戦前のヨーロッパ、とくにワイマール憲法の解釈論として有力に主張され、日本にも憲法制定後早い時期に影響を与えたものである。しかし、この見解の背後にある立法権優位の法律中心主義は、戦後、立憲主義ないし違憲審査制の発展とともに後退し、立法権に対する立憲的統制こそが憲法学の中心的課題となるに至った現在、立法者非拘束説をそのまま維持する環境は存しないといってよい。そこで、現在では、ここでの「法」は、憲法を含む広い意味で捉えられなければならないこと、また、不平等な内容の法律を平等に適用しても不平等な状況は解消されないこと等を理由に、「法の下の平等」が立法者を拘束すると解するのである（立法者拘束説）。

第二に、後段は禁止される差別として、人種、信条、性別、社会的身分、門地を列挙しているが、この意味についても学説は分かれている。禁止される差別を単に例示したものにすぎないとする見解（例示列挙説）や、列挙事由以外については、差別は禁止されないと解する見解（限定列挙説）も主張されている。しかし、列挙事由は、歴史上行われてきた差別をとくに警戒する趣旨で列挙したものであり、単なる例示とみるのは妥当ではない。また、民族や国籍、後述する「投票の価値」等、列挙事由以外にも差別を禁止すべき事由がありうることからすれば、限定列挙とすることも妥当ではない。したがって、禁止される差別は列挙事由に限らないが、とくに重要なものが列挙事由であると解し、列挙事由は、その差別が原則として不合理な差別にあたるという意味で一定の意味をもつ例示と解するのが妥当であろう（特別意味説）。この考え方は、列挙事由についての差別が合理的かどうかが争われた場合には、合憲性の推定排除や挙証責任の転換（合憲性の証明を公権力が負う）を認めている。

なお、列挙事由のうち、「人種」、「信条」、「性別」は意味を理解しやすいが、「社会的身分」と「門地」とは何を意味するのであろうか。門地は、家系・血統等の家柄のことであり、明治時代にあった華族・氏族・平民は門地による差別にあたる。他方、「社会的身分」の意味については見解が分かれている。この点、「人が社会において一時的ではなしに占めている地位」とする広義説や、「出生によって決定された社会的な地位または身分」と解する狭義説もある。広義説によれば、およそ何でも「社会的身分」に該当することとなり、列挙事由として規定した意味がなくなってしまう。また、狭義説によれば、門地と変わらなくなり、やはり列挙事由として規定した意味がないことになる。そこで、「人が社会において一時的ではなく占めている地位で、自分の力では脱却できず、それについて事実上ある種の社会的評価がともなっているもの」と解する中間説が妥当であろう。この見解によれば、後述する親子関係も「社会的身分」に含まれると解される。

❖違憲判断の基準

すでに述べた相対的平等観に立ち、合理的な区別は憲法上許容されるとする見解によれば、「合理性」の判断基準を明らかにする作業が必要となる。これが平等権違反の違憲審査基準の問題である。異なる法的取り扱いがいかなる審査基準に服するのかという点については、次の三つの点が考慮されなければならない。第一に、差別された「主体」の属性を考えた場合、人種、性別、門地、民族等、生まれによって決まってしまう事柄に基づく差別については、本人の能力や努力ではいかんともし難く、不合理な差別と推定され、厳格な審査を要すると解すべきである。第二に、法的取り扱いの異なる「権利」・「利益」の性質を考えた場合、いわゆる「二重の基準」論を適用し、精神的自由権に関する区別は、経済的自由権に関する区別に比して、より厳格な基準を要すると解すべきである。第三に、合理性の判断にあたっては、事実的・実質的差異がそれ自体として異なる法的取り扱いを正当化するのか、異なる法的取り扱いの立法目的は必要で正当なものか、立法目的と目的達成手段とが関連を有するか等が検討されなければならない。

そのうえで、審査基準については、次の三つの基準を場面によって使い分ける見解が有力に主張されている。①立法目的が必要不可欠な公益を追求するものであること、目的達成手段が右目的の達成に是非とも必要なものであることを検討する「厳格審査の基準」、②立法目的が正当なものであること、目的と手段との間に合理的関連性が存することで足りるとする「合理的関連性の基準」、③立法目的が重要なものであること、目的と手段との間に事実上の実質的関連性があることを検討する「厳格な合理性の基準」である。たとえば、人種や門地、精神的自由権についての差別が問題となる場面では①の基準、経済的自由権の積極目的規制の場合には②の基準、信条、性別、社会的身分、経済的自由の消極目的規制、社会保障の給付等が問題となる場合には③の基準と整理されうるが、実際にどの基準を採用するかは、当該事案において、差別された「主体」の属性や法的取り扱いの異なる「権利」・「利益」の性質の違いを考慮に入れながら、個別的に判断されるべきであって、機械的な当てはめとならないよう注意すべきであろう。

歴史的に差別を受けてきたグループに対し、立法等により枠を設け、積極的に差別を解消する措置を講じることをアファーマティヴ・アクションまたはポジティヴ・アクションという。これ自体は、元来、人種差別や男女差別等の解消のためになされた措置であり、平等権の理念の実現を目指すものである。しかし、それが行き過ぎとなったとき、「逆差別」として、やはり「法の下の平等」違反が問われうる。その際の違憲審査基準は、通常のものと同じ基準でよいかどうかが問題となるが、これは従来、問題とされてきたような定型的差別とは異なること、また、あまりに厳格な審査基準を採用すると、アファーマティヴ・アクションを採る意義が損なわれること等から、通常のものより緩やかな審査基準を採るのが妥当となろう。日本での実施例として、「障害者雇用促進法」をあげることができる。これによれば、民間企業（常用労働者五六人以上の規模）、国、地方公共団体に対し、障害者雇用率に相当する人数の身体障害者・知的障害者の雇用義務が課され（雇用率制度）、これを達成できない事業主（常時二〇〇人を超える労働者を雇用するもの）は、障害者雇用納付金を払わなければならない等とされている。

2　平等権の基本問題

❖違憲判決の例①――尊属殺重罰規定違憲判決

刑法には、一般の犯罪類型から「尊属」に対する犯罪を区別し、尊属殺人罪（二〇〇条）、尊属傷害致死罪（二〇五条二項）、尊属遺棄罪（二一八条二項）、尊属逮捕監禁罪（二二〇条二項）として処罰する規定があった（一九九五年の法改正により削除）。これらの規定に対しては、封建制度的な家族制度に基づくものであって、個人主義原理に立脚する日本国憲法のもとでは認められない、また、尊属に対する尊重報恩という道徳を、法律を通じて強制することは妥当ではない等とする問題点が指摘されていた。とくに、尊属殺人罪については、刑罰が「死刑又ハ無期懲役」とされ、法律上許される二度の減刑によっても執行を猶予することができないため、刑が重すぎることも指摘されていた。

この点、最高裁は、一九五〇年の二つの判決で、次のように述べて尊属傷害致死罪および尊属殺人罪を合憲とした。①尊属傷害致死罪につき、「法が子の親に対する道徳的義務をとくに重要視したもの」で「夫婦、親子、兄弟等の関係を支配する道徳は、人倫の大本、古今東西を問わず承認せられているところの人類普遍の道徳原理、すなわち学説上所謂自然法に属する」（最大判一九五〇年一〇月一一日）。②尊属殺人罪につき、「憲法一四条に違反するものでないことは、当裁判所が昭和二五年……一〇月一一日言渡した大法廷判決の趣旨に徴して、明らかである」（最大判一九五〇年一〇月二五日）。

しかし、②の判決が、括弧内で「刑法二〇〇条が、その法定刑として『死刑又ハ無期懲役』のみを規定していることは、厳に失するの憾みがないではない」と述べていたこと、また、情状に鑑みれば重すぎる刑罰を回避するため、本条を限定解釈するなどして適用を排除した判決もみられること（最大判一九五七年二月二〇日、最判一九六三年一二月二四日）等から、最高裁は刑法二〇〇条の合憲性について改めて検討を加え、違憲と判断するに至った（最大判一九七三年四月四日）。

その理由として、第一に、立法目的である「尊属に対する尊重報恩」という「普遍的倫理の維持」は、「社会生活上の基本的道義」であり「刑法上の保護に値する」。したがって、被害者が尊属である場合、そのことを「量刑上重視することは許される」だけでなく、「刑の加重要件とする規定を設けても」ただちに憲法違反となるものではない。しかし、第二に、「加重の程度が極端であって、……立法目的達成の手段として甚だしく均衡を失し、これを正当化しうべき根拠を見出しえないときは、その差別は著しく不合理なものといわなければなら」ない。第三に、刑法二〇〇条は刑種選択の範囲がきわめて重い刑に限られていること、立法目的は普通殺人罪の適用によっても達成できること等からして、その加重の程度は、「立法目的達成のため必要な限度を遥かに超え、普通殺に関する刑法一九九条の法定刑に比し著しく不合理な差別的取扱いをするもの」で、憲法に反する。

結論自体は妥当だとしても、この問題は不当な刑罰を科されないことの保障を含む身体の自由・人身の自由についての不平等と理解でき、精神的自由権の取り扱いに差を設ける規定の合憲性が問題となるため、違憲審査基準としては「厳格審査の基準」が適用されるべきであったと考えられる。そうすれば、「尊属に対する尊重報恩」の維持という立法目的は、国家が平等を害する法律を制定してまで追求するべき「必要不可欠な公益」とはいえず、目的自体を違憲と解すべきであった。手段を違憲とする判例とは異なり、目的を違憲とする立場に立てば、「尊属」に対するその他の犯罪類型も違憲と解されることになる（しかし、最判一九七四年九月二六日は、尊属傷害致死罪の規定を合憲とした）。

❖違憲判決の例②――議員定数不均衡違憲判決

議員定数不均衡とは、「公職選挙法」によって各選挙区に配分された定数と当該選挙区の人口数（有権者数）との比率が選挙区ごとに異なり、一票の重みについて均衡を失していることをいう。これが「不合理な差別」であり、違憲ではないかが問題となる。

第一に、投票価値の平等が憲法上の要請かどうかという点である。憲法四四条但書は、一四条の平等原則を選挙権について具体化している。ここから、形式的に一人につき一票ずつの選挙権を与えることが平等原則に適合するという「一人一票の原則」を導くことができる。しかし、都市への人口集中にともない、投票価値についての地域格差が拡大するにつれ、実質的に一人一票の原則が守られない事態が生じるに至った。そこで、現在では、投票価値についても平等原則の適用が及ぶと解することにより、この種の議員定数不均衡を是正するよう国家に働きかける契機が認められるに至っている。判例も、「選挙権の内容、すなわち各選挙人の投票の価値の平等もまた、憲法の要求するところであると解するのが、相当である」と述べて、投票価値の平等を憲法上の要請であると解している（最大判一九七六年四月一四日）。

第二に、違憲審査基準についてである。判例は、「憲法は、どのような選挙制度が国民の利害や意見を公正かつ効果的に国政に反映させることになるのかの決定を国会の広い裁量にゆだねている」として、立法裁量論を採用する。そのうえで、①「投票価値の不平等が、国会において通常考慮しうる諸般の要素をしんしゃくしてもなお、一般的に合理性を有するものとはとうてい考えられない程度に達している」場合に違憲状態とし（衆議院について、最大較差一対三前後を基準とするのが判例の傾向）、②人口の変動の状態をも考慮して、合理的期間内における是正が憲法上要求されていると考えられるのにそれが行われなかったときにはじめて違憲となる（合理的期間論）とする。最高裁は、最大較差一対四・九九に拡大していた事案で、前回の法改正後八年間、法改正がなされていないことを合理的期間の経過と判断し、違憲とした（前掲最大判一九七六年四月一四日）。

他方、参議院については、その特殊性（国民各層のさまざまな利害や意見を公正かつ効果的に国会に反映させるための地域代表的性格、参議院について採用されている半数改選制・偶数定数制、選挙区割りや定数配分を長期間固定することにより国民の利害や意見を安定的に国会に反映させる機能、定数是正の技術的困難性）を強調して、立法裁量をさらに広くとらえている。その結果、最大較差一対六・五九を違憲状態とした判決はあるが（最大判一九九六年九月一一日）、最大較差一対六を超えない事案では、合憲とする判断を繰り返している。

以上の違憲審査基準は、非人口的要素を考慮に入れ、立法府の裁量をきわめて広範に認めるもので、「合理的関連性の基準」に基づくものといえる。しかし、選挙権は民主主義と直接結びつく権利として精神的自由権と同様の扱いをすべきと考えられ、違憲審査は「厳格審査の基準」によって判断されるべきであり、したがって、最大較差が一対二を越えないことが求められていると考えるべきであろう。

もっとも、判例は、議員定数配分規定を違憲とする場合でも、「事情判決の法理」を用いて請求を棄却すべきとする。この法理は、処分は違法であっても、それを取り消すことが公共の福祉に適合しないと認められるとき、違法を宣言して請求を棄却する事情判決（「行政事件訴訟法」三一条一項）を、一般的な法の基本原則に基づくものとして適用すべきとする考え方をいう。これは、当該選挙全体を違憲無効とすれば、衆議院議員または参議院議員の半数がいなくなり、法改正ができなくなってしまうこと、一部の選挙区の選挙のみを違憲無効としても、選挙を無効とされた選挙区からの選出議員をえることができないままの異常な状態のもとで法改正がなされなければならなくなること等を回避する必要があることを理由とする。選挙の違法性と有効・無効の問題とを切り離すことを可能とした点では、評価されるべきであろう。他方で、違憲判断が下されたにもかかわらず、立法府が必要な立法措置を講じない場合に、再度の選挙訴訟が提起されたとしたら、裁判所はどのように判断すべきかが問題となりうる。これについては、①将来効判決によって無効と判断すべきとする説、②選挙差止訴訟の可能性を指摘する説、③較差が違憲となっている選挙区の選挙のみ選挙無効判決を下すべきとする説等が主張されている。

❖「性別」による差別

「性別」による差別は、戦前の日本では広く行われてきた。しかし、戦後になり、男女差別の禁止が、日本国憲法およびこれを受けて行われた法改正により進められ、また、「女子差別撤廃条約」の批准（一九八五年）、「男女雇用機会均等法」の制定（一九八五年）によって画期的な転換を果たしたといわれる。これまで、男女の形式的平等は、普通・平等選挙（憲法一五条三項、四四条但書）、公務就任権（「国家公務員法」二七条、「地方公務員法」一三条）、家族制度における平等（憲法二四条）、教育の機会均等（憲法二六条一項、「教育基本法」四条）、雇用における男女平等（「労働基準法」四条の男女同一賃金原則、「男女雇用機会均等法」）、出生による国籍取得における父母両系血統主義（「国籍法」二条一号。これは「女子差別撤廃条約」の批准を受けて、父系優先血統主義から改められたものである）の場面で実現してきた。

法律上、男女間の生理的・肉体的条件の違いから、「女性保護」が「合理的な区別」であるとして平等権に反しないと考えられるものがある（刑法一七七条の強姦罪、「労働基準法」六四条の二以下の一定の業務の就業制限や産前産後の休業、育児時間、生理休暇等、刑事訴訟法一三一条二項の女子の身体検査における医師または成年女子の立会い等。ただし、強姦罪については、最大判一九五三年六月二四日が合理的な区別として合憲とする一方、その背後に処女性の保護という目的や性モラル上の差別があることを指摘して違憲とする見解もある)。しかし、「女性保護」が、逆に女性に不利益を与え、そのことが女性に対する差別や人権侵害のもとである性別役割分業を温存させることになっているのではないかとする指摘がなされ、男女平等のあり方に変化が見られるようになった。具体的には、「女性保護」と「母性保護」(出産にかかわる生理的機能の保護)の区別のもとに、「労働基準法」が改正され、「母性保護」が充実する一方で「女性保護」の規定が見直された(時間外・休日労働制限と深夜労働禁止の規定の撤廃)。また、「男女雇用機会均等法」も、男性・女性ともに保護するための法律へと改められ(一九九七年六月成立、一九九九年四月施行)、加えて、男女差別を温存する雇用慣行を改善するために女性労働者に関して一定の措置をとることを認め、ポジティヴ・アクションを採用している。

他方、「女性保護」の規定が撤廃されたことにともない、女性に対して男性並みの長時間労働・時間外労働が求められるのではないかが懸念された。実際に、多くの企業で総合職と一般職を分けるコース別の雇用管理体制が採用され、女性労働者は過酷な長時間労働に従事させられることとなった。こうした事態に対処するため、「男女雇用機会均等法」が再度改正され(二〇〇六年六月成立、二〇〇七年四月施行)、「間接差別」の禁止が法制化された(七条)。間接差別とは、募集、採用、配置、昇進、賃金等の労働者の取り扱いについて、一見すると性に中立的な要件を設定しているように思われる場合でも、その要件が実際には一方の性に対する差別となるような場合には、使用者が経営上の必要性および合理性を立証しえない限り違法とする法理である。「男女共同参画基本法」が制定され（一九九九年）、基本的な考え方が浸透するなかでのこうした流れは、男女平等の問題が、形式的平等の徹底を図りながら、社会における事実上の差別をどのようにして解消するかに関心が移っていることの反映といえるであろう。

男女平等に反するかどうかが問題となった事件に、日産自動車事件がある。この事件では、定年を男子満五五歳、女子満五〇歳とする就業規則の違憲性・違法性が争われた。最高裁は、①日産自動車の「企業経営上の観点から定年年齢において女子を差別しなければならない合理的理由は認められない」、②「就業規則中女子の定年年齢を男子より低く定めた部分は、専ら女子であることのみを理由として差別したことに帰着するものであり、性別のみによる不合理な差別を定めたものとして民法九〇条の規定により無効であると解するのが相当である（憲法一四条一項、民法二条参照）」と述べている（最判一九八一年三月二四日）。

この問題の背後には、平等権侵害が問われたのが民間企業の就業規則であり、私人間の紛争に憲法上の人権規定が効力を及ぼすことができ、かつ適用されるかという私人間効力論が存する。判例は、そのときにはすでに、間接適用説に従って判断を下してきていたといえる（三菱樹脂事件に関する最大判一九七三年一二月一二日）。間接適用説とは、民法九〇条のような法律の一般条項・概括的条項に憲法の趣旨を取り込んで解釈・適用し、間接的に人権を私人間に保障しようとする見解である。

日産自動車事件判決も、「民法九〇条の規定により無効」としたのち、括弧内で憲法一四条一項をあげており、これも間接適用説を宣明したものといえるであろう。

TOPIC
国籍法違憲判決

二〇〇八年六月四日、最高裁で画期的な判決が出され、話題となった。「国籍法」三条一項は、①日本国民である父と日本国民でない母との間に出生したあとに、②父から認知された子について、③父母の婚姻により嫡出子たる身分を取得した場合に限り、届出による国籍取得を認めていたが、この規定を憲法一四条一項に反し違憲であると判断したのであった（最大判二〇〇八年六月四日）。

同条項は、上記①と②の要件を備えながらも③の要件を欠く者については、届出による国籍取得を認めておらず、嫡出子たる身分を取得するかどうかで区別をするのは不合理な差別を規定するもので、憲法一四条一項に反するといえるかが問題とされていた。

判決は、まず、審査基準につき立法裁量論に触れつつも、国籍は基本的人権の保障や公的資格の付与等を受けるうえで意味をもつ重要な法的地位であること、また、嫡出子たる身分を取得するか否かは、子にとってはみずからの意思や努力によっては変えることのできない事柄であることから慎重に検討することが必要であるとする。「権利」・「利益」の性質の重要性および「嫡出子」という「主体」の属性の特質を正当に考慮したものといえよう。そのうえで、日本との密接な結びつきを有する者に限り日本国籍を付与するという立法目的自体には合理的な根拠があるとしても、社会通念や社会的状況の変化、国際的交流の増大、諸外国の法改正の動向等の事情を併せて考慮すれば、異なる法的取り扱いとの間に合理的関連性は認められず、不合理な差別を生じさせているといわざるをえない、とした。

また、違憲状態の是正については、本条項を上記③の要件を除いて解釈することが、合憲的で合理的な解釈であり、また、この解釈は相当性をも有するとした。下級審判例では、法の欠缺《けんけつ》の補充を行うに際し複数の選択肢が考えられる場合には、その選択は立法者に任せられるべきであり、裁判所が選択決定することは許されないとするものがあった（東京高判一九八二年六月二三日）。しかし、今回の判決は、立法府が採用してきた血統主義の原則および日本との密接な結びつきを有する者という基準を前提に憲法適合的な法解釈を行ったものであり、差別された者の救済という点でも憲法判断の方法という点でも、妥当な判断であったと評価できるであろう。

違憲と判断された「国籍法」三条は、二〇〇八年一二月、最高裁判決の趣旨に沿って改正され、父母の婚姻要件が削除された。

（髙作 正博）

第5章　新しい人権と包括的基本権

1　新しい人権の根拠と限界

❖〈新しい人権〉とは

アメリカ合衆国憲法修正九条は「この憲法に特定の権利を列挙したことをもって、人民の保有する他の諸権利を否認あるいは軽視したものと解釈してはならない」と述べている。憲法に明示されていない人権であっても、必要とあらば、憲法に明示されている人権に匹敵するものとして保障されるということを意味している。日本国憲法にはそのようなアメリカ憲法の規定に該当するものはないが、やはり、憲法に明示されていない人権であっても、必要とあらば、基本的人権として保障されうると考えられている。このように、憲法の条文には明文の根拠をもっていないが、明文の根拠をもっている既存の人権と同じように保障されるべきだとされるものを〈新しい人権〉と呼ぶ。

日本国憲法の人権規定は、他国の憲法と比べても、かなり充実したものだといわれるが、これら既存の人権だけでは対処しきれない問題が増加しているのも事実だ。たとえば、マスコミによってなされる大量の情報伝達やコンピューターによる情報処理がもたらす個人のプライバシー侵害の問題、乱開発、産業廃棄物の処理問題、ひいてはオゾン層崩壊など、地球規模の環境破壊問題などはその例だといえる。

❖包括的基本権

憲法に新しい人権を設けるには、憲法の改正を通して行うという方法があるが、一般に、新しい人権といわれるものは、既存の憲法条文の解釈でもって導かれるものをいう。そういう意味からすれば、新しい人権は、既存の条文とまったく無関係に創出されるものではなく、むしろ、既存の人権規定の新しい読み方・解釈の仕方によって出てくるものだといえる。

憲法一三条に「すべて国民は、個人として尊重される。生命、自由及び幸福追求に対する国民の権利については、公共の福祉に反しない限り、立法その他の国政の上で、最大の尊重を必要とする」という規定がある。この規定は、一五条以下の具体的な内容をもった個別的基本権規定とは区別され、包括的基本権規定といわれる。この一三条は、日本国憲法の人権保障の基本的姿勢、ないしは基本原則を明らかにしている。その前段（条文が二つの文章からなっている場合の最初の文章のこと。後のほうの文章は後段という）に、個人が国政のうえで最大限尊重されなければならないとされているが、これは憲法が個人の尊重原理を究極の価値としていることを示している。個人の尊重のために憲法が存在するのだ、と考えてもいい。

さらに、一三条後段の「生命、自由及び幸福追求に対する国民の権利」は、一人ひとりの人間が各人の個性と世界観にしたがって幸福を追求することを認めたもので、幸福追求権と呼ばれる。一五条以下に規定された諸権利は、この、各人の個性に応じた幸福追求を可能にするための権利だと理解できるから、幸福追求権は、他の諸人権を包括しているとの意味で包括的基本権ともいわれる。憲法は、一三条に、まず包括的な人権規定として幸福追求権をおき、その後で、各人の幸福追求を可能にするための諸人権を具体的に列挙したのである。

しかし、憲法制定時に幸福追求のために必要な人権をすべて具体的に規定して保障することは不可能な一方で、時代が移るにつれて必要とされるようになった人権もなんとかカバーされる必要もある。そこで、憲法一三条の幸福追求権に〈新しい人権〉を読み込んで、既存の個別的人権ではカバーしきれないが、どうしても必要とされるようになった人権をフォローすべきということになる。憲法が個人の尊重を基本的な価値とし、時代が変わってもやはり国民の幸福追求のための権利が保障されなくてはならないならば、それに必要な〈新しい人権〉が保障されるのは当然のことだろう。

以上のような意味から、一三条は日本国憲法の人権保障の基本原則を示しているとともに、既存の人権規定ではカバーしきれない新しい人権の根拠となりうる包括的基本権の規定だということがいえる。

新しい人権にはどんなものがあるか。これまで幸福追求権の一つとして新たに認められるべきだと主張された主なものとしては、次のようなものがある。

①プライバシー権、②肖像権、③名誉権、④知る権利、⑤アクセス権、⑥平和的生存権、⑦学習権、⑧健康権、⑨環境権、⑩日照権、⑪眺望権、⑫静穏権、⑬入浜権、⑭喫煙権、⑮嫌煙権。

新たな幸福追求権、すなわち新しい人権は、先に述べたように、既存の条文の解釈でもって導き出されるが、その際、一三条の包括的基本権を根拠としなくても、一五条から四〇条までの具体的な内容をもった個別的人権規定から導き出せる場合は、それぞれの個別的な人権規定を根拠として保障される。たとえば、④知る権利や⑤アクセス権などは表現の自由の現代的な要請であって、表現の自由と関係が深いから、二一条を根拠として導かれる。また、⑦学習権は、二六条の教育を受ける権利の解釈でもって導くことができる。これらのような適当な個別的人権規定がみつからない場合には、一三条の幸福追求権が新しい人権の根拠となる。一三条は新しい人権を根拠づける最後の切り札なのだ。

❖〈新しい人権〉の問題点

新しい人権を個別的な人権規定や一三条の幸福追求権の解釈によって導き出すことができるとするのは、学説や判例でも一般的な見解だ。しかし、憲法改正によらず、条文解釈によって、新たな人権をどんどん認めることには次のような問題がある。まず、現在主張されている新しい人権の多くは、私人どうしのいわば「お互い様」的な侵害の問題を対象としており——たとえば、マスコミによる個人のプライバシー侵害は、私人間の権利侵害だと考えられる。企業の操業が公害をもたらしたことが環境権侵害だと言われるのも、私人間の権利侵害の問題であって、やはり「お互い様」的問題だといえる——、このことは、人権の本質に反するものではないか、という問題だ。人権というものが保障されるのは、本来、私人である国民が国家などの公権力による侵害からみずからの利益を守るためであって、歴史的には、私人が公権力に対してもつ権利として考えられてきた。それゆえ、私人どうしの権利侵害問題は、憲法の保障する人権侵害の問題にはなりえないのではないかということだ。むろん、歴史的にはそうだったとしても、今は「お互い様」的な、私人による私人への権利侵害が、個人の尊重にとって見すごせない状況になっているのだから、そういう個人どうしの間で主張されているものも人権として認めてもいいのではないか、という意見もあるだろう。しかし、次から次と「お互い様」的な権利が人権として認められてしまうと、私人間のトラブルが人権侵害として扱われるようになり、私人どうしの関係はひどく窮屈なものになってしまうだろう。トラブルは、かえって解決しづらくなるかもしれない。それどころか、人権侵害問題を処理する資格をもっているのは裁判所を含む公権力なのだから、私人による私人の人権侵害を解決するためと称して、公権力による制約にお墨付きを与える結果にもなりかねない。つまり、新しい人権の主張が、かえって公権力による私人の自由の制限を正当化する根拠になってしまうのではないか、という問題がある。

また、このほかに次のような問題もある。新しい人権の主張が認められるかどうかは、通常、法廷で決まる。つまり、新しい人権を憲法の条文から解釈によって導くことができるかどうかを最終的に決めるのは裁判所なのだ。とするならば、これは裁判所による新たな人権の創出、つまり、実質的な憲法規範の制定を認めることにならないか、というものだ。憲法の諸規定を解釈して人権保障の趣旨を実現し、個人の尊重を貫くのは裁判所の仕事だから、新しい人権が真に必要とされるならば、これを積極的に認めることは必要だろう。しかし、裁判所が無節操に気前よく新しい人権を乱発すれば、それは当然、裁判所による憲法規範の制定ということになってしまうだろう。

そのような危惧《きぐ》は、幸福追求権や新しい人権の本質をしっかり把握しない場合に現実となる。なんといっても、幸福追求権は個人の尊厳を前提としており、国民一人ひとりの人間的な生存にとって不可欠な権利をさしているのだから、何でもかんでも新しい人権として認めようとすれば、人権というもの全体の価値をおとしめることになってしまうし（人権のインフレ現象と呼ばれる）、かえって公権力による人権の制約を正当化してしまうことにもなる。その意味で、真に人権として認めることが妥当かどうかを厳しくチェックしたうえで、はじめて新しい人権として認められなければならない。そして、その際には、裁判所が新しい人権を認定したことが説得力をもつことができるように、新しい人権の内容が明確かどうかが吟味されなければならない。

新しい人権が認められるためには、このように厳格な条件がある。そのため、先にあげたように、多くの新しい人権が主張されながら、実際には、規範的拘束力をもつ基本権として認められた例はそう多くはない。しかし、現在認められていなくても、問題がより深刻になり、社会全体がそれに対する人権の必要性を痛感するようになれば、新しい人権として保障されるようになるものもあろう。以下では、これまでに新しい人権として主張されてきたもののなかから、プライバシーの権利、自己決定権、平和的生存権についてみてみよう。

２　プライバシーの権利

❖〈プライバシー〉とは

日常でプライバシーという場合、たいてい「他人には知られたくない個人の秘密」とか、「個人的なことで他人には無関係なこと」といった意味で使われている。自分の個人的な事柄を根ほり葉ほり詮索されるということはそれ自体でもいやなことだし、秘密にしておきたいことを暴かれるのはもっといやなものだ。これは、そもそも人間には、自分だけの個人的な領域をもちたいという本能が備わっているためなのだろう。そういった人間の本質という話をおいても、個人的な問題に他人が立ち入ることによって、実際、何らかの不利益を被るおそれがあって、だから秘密にしたり、放っておいてもらいたいと思うこともある。そういうわけで、プライバシーの保護は人間にとって必要なのだ。人間にとってプライバシーという利益の保護が欠かせない以上、「個人の尊重」や「幸福追求権」の保障を趣旨とする憲法が、これを人権として保障すべきだという考え方が出てくるのもまた、当然の成り行きであるといえる。

このような理解に立って憲法を見直してみると、思想・良心上のプライバシーの保護は一九条の「思想及び良心の自由」の内容だし、信教に関しては二〇条の「信教の自由」の内容となっている。その限りでは、ある一定内容のプライバシーについては、すでに憲法が明文をもって保障しているといっていい。しかし、人間にとって干渉されたくない事柄は、思想や信教だけにとどまらない。そこで、既存の条文に収まりきらないような事柄をプライバシーとして保障するためには、これを新しい人権として認める必要がある。そして、ここでは、一三条が根拠としてもち出されることになる。

❖プライバシー権の性格

法的権利としてのプライバシーは、一九世紀のアメリカで生まれた。そこでは、最初は私法上の不法行為を構成する根拠として提起された。たとえば、マスコミなどによって個人の私生活が暴露された際に、民事裁判において賠償を請求する根拠となる権利として主張されたりしたのだ。そのため、プライバシー権は「ひとりで放っておいてもらう権利」とか「ひとりでいさせてもらう権利」などと説明されたのである。日本でも、三島由紀夫のモデル小説『宴のあと』をめぐって登場人物のモデルとされた政治家のプライバシー侵害が争われた事件（東京地判一九六四年九月二八日）において、「私生活をみだりに公開されないという法的保障ないし権利」が認められた。この事件は、モデルとされた政治家対三島および出版社の間で争われたものだから、プライバシーの権利は私人どうしの間で問題となる私法上の権利として考えられていたのである。

しかし、後に公権力による侵害に対しても認められるようになり、プライバシーの権利は公法上の権利としても考えられるようになった。警察による写真撮影に対して「みだりにその容貌《ようぼう》、姿態を撮影されない自由」（一般に肖像権と呼ばれる）が認められたこと（「京都府学連事件」最大判一九六九年一二月二四日）、また、弁護士会による照会に応じて行政庁が公開した個人の前科や犯罪歴について、これらを「みだりに公開されないという法律上の保護に値する利益」が認められたこと（「弁護士会前科照会事件」最判一九八一年四月一四日）などがその例だ。

さらに現在では、多くの学説がプライバシーの権利とは「個人の情報をみずからコントロールする権利」と考えるべきだと唱えている。コンピューターが高度に発達し、普及した現代社会では、個人のいろいろなデータが蓄積され、体系的に整理したり、把握・利用することが可能になっている。このような高度情報化社会で問題なのは、一つひとつのデータは些末でも、それを組み合わせることで、他人には知られたくない個人情報が、本人の知らないうちにかなり正確に把握されてしまう可能性があるということだ。また、膨大なデータの蓄積（データバンクという）と、これの効率的な運用方法の発達によって、個人情報が本人の予想もしなかった目的のために転用されたり、まったく意図しない相手に利用されたりする可能性もある。特にそのようなデータが誤っていたときには、予測しえない不利益を被ることさえある。こういった問題に対処するには、「放っておいてもらう」とか「公開されない」、「撮影されない」などといった、消極的な権利としてプライバシーの権利を捉えるだけでは十分ではない。そこからさらに進んで、自己の情報を保有している相手方に対して情報の開示を請求することや、場合によっては、情報の抹消・修正を要求することができなくてはならない。そこで、このような積極的な性格をあわせもつ「個人の情報をみずからコントロールする権利」としてプライバシーの権利を把握する必要が出てきた。

❖プライバシーの権利によって保護される「情報」とは

プライバシーの権利が新しい人権として認められることになると――ちなみに、最高裁判例では、まだプライバシーの権利は正面から必ずしも明確に定義されていない。保障されるべきプライバシーとは何か、もっと詳しくいえば、コントロールできる「情報」とは何かといったことが次に問題となる。特にプライバシーの権利は、言論・出版の自由や知る権利、情報公開請求権など、表現の自由という「優越的地位」にある人権と衝突することが多いので、プライバシーの権利の範囲を明らかにして、それらの人権との調整をはかるのに必要だからだ。

「私事をみだりに公開されない権利」としてのプライバシー権の侵害については、「『宴のあと』事件」で、①私生活上の事実または事実らしく受けとられるおそれのある事柄であって、②一般人の感受性を基準にして当該私人の立場に立った場合、公開を欲しないであろうと認められるもの、③一般の人々にいまだ知られていない事柄という三つの要件があげられ、これらの要件を満たした表現は、プライバシーを侵害したものとみなされるとされた。

「個人の情報をみずからコントロールする権利」としてのプライバシー権の場合には、コントロールされるべき「情報」がどのようなもので、これらについてどのような保護がなされるべきかが問題となる。有力な学説によれば、個人の道徳的自律の存在にかかわる情報（宗教、世界観、精神病歴、過去の犯罪歴など）と個人の道徳的自律に直接かかわらない外的事項に関する情報とを区別し、前者がコントロールできる情報だとする。ただ、後者についても、悪用されたり集積されたりする場合には個人の道徳的自律の存在に影響を及ぼすので、プライバシー侵害の問題を生ずるとされており、結局、保護されるべき「情報」の輪郭はあまりはっきりしない。判例では、「容貌、姿態」（前掲「京都府学連事件」）、「前科ないし犯罪歴」（前掲「弁護士会前科照会事件」および「ノンフィクション逆転事件」最判一九九四年二月八日）、「指紋」（東京高判一九八六年八月二五日）などが保護される「情報」と認められた。このほか、私人による不法行為の問題としてではあるが、「公共の利益に係わらない私人のプライバシーにわたる事項を表現内容に含む小説の公表」をプライバシー侵害であるとした判決（「石に泳ぐ魚」事件、最判二〇〇二年九月二四日）、大学での外国要人の講演会への参加名簿を参加者に無断で大学側が警察に提出したことが争われた事例において、そこに記載された学籍番号、氏名、住所、電話番号を、プライバシーに係わる情報として法的保護の対象となるとした判決（「早稲田大学講演会参加者名簿事件」最判二〇〇三年九月一二日）がある。なお、公権力が保有している個人情報の開示や抹消・修正の請求権としてのプライバシー権については、現在のところ、情報公開法制を前提として認められると考えられている。

3　自己決定権

❖〈自己決定権〉とは

憲法には多くの自己決定権が保障されている。たとえば、どのような言葉を話すか、誰とどこでいつ話すか、どういった方法で話すか、本を出版するか、しないかなど、これらはすべて表現についての自己決定だ。これらのことをほかから口出しされたり、指図されることなく自由に決定できることは、まさしく表現の自由の内容にほかならない。どんな職業につくか、どのような仕事をするか、どんな商売を始めるかは職業についての自己決定で、職業選択の自由の保障するところだ。要するに、自己決定権とは、特別な人権をいうのではなく、憲法上明示されている諸人権をも含めた自由一般の本質を言い表したものだといえる。この意味では、自己決定権という権利は新しい人権とはいえないかもしれない。しかし、もし、既存の人権以外の事柄について自己決定が保障される必要があるとすれば、それは一三条を根拠とした新しい人権だということになるだろう。

現在、有力な学説によれば、自己決定権の対象となる事柄として、①自己の生命・身体の処分にかかわる事柄、たとえば治療拒否、安楽死、自殺など、②リプロダクションにかかわる事柄、たとえば産む・産まないの自由、避妊、堕胎、子どもの養育・教育の自由など、③家族の形成・維持にかかわる事柄、たとえば結婚、離婚など、④その他の事柄、たとえば服装、身なり、外観、性的自由、喫煙、飲酒、スポーツなど、といったものがあげられている。そして、この説によれば、①②③は人格的自律の根幹にかかわる重要な類型だが、④は、人によっては重要な意味を持つかもしれないが、はっきりと人権だとはいえない、とされる。この説は、基本的に人格的自律という価値を最も重要なものとし、それに深くかかわる類型からかかわりの薄い類型まで、重要度の高低を認めて保障の必要性や程度を区別する立場だといえる。

ここで注意しなくてはならないのは、人格的自律にとって重要かどうかの判断はむずかしく、その判断は人によって異なるだろうし、時代によっても変わってくる可能性があるということだ。そして、とりわけ問題だと思われるのは、人格的自律にとって不可欠かどうかの判断がその時々の多数者の意見、つまり一般常識によって決められてしまうおそれがあるのではないか、ということだ。このことは、少数者の、世間から変わったものとみられるような自己決定が軽んじられるということを意味する。「人権は少数者の、多数者からの保護のためにある」という基本的な考え方に立てば、このことは重大な問題だ。自己決定の対象となる事柄にはじめから序列をつけて権利としての保障の必要性や程度を決めるよりも、さまざまな事柄についての自己決定に対して社会のなかでなされる制約の必要性を厳格にチェックする方が、個人の尊重の原理や幸福追求権の保障の趣旨にかなうのではないかと思われる。

❖自己決定権の対象

上記の④の類型に属する事柄に関して自己決定権が問題になった判例として、学校における髪型規制が争われた事例がある（東京地判一九九一年六月二一日）。裁判所は「髪型決定の自由が個人の人格価値に直結することは明らかであり、個人が頭髪について髪型を自由に決定しうる権利は、個人が一定の私的事柄について、公権力から干渉されることなく自ら決定することができる権利の一内容として憲法一三条により保障されている」として、髪型の自由が自己決定権として保障される事柄だということを示した（ただし、最終的には、髪型の規制を定めた校則を髪型の自己決定権を不当に制限したものとはいえないとした）。また、同じく校則による規制の問題で、バイク規制が問題となった事件があるが、バイク免許取得の自由が一三条の保障する国民の私生活における自由の一つとしたもの（高松高判一九九〇年二月一九日）と、バイク免許取得の自由と個人の人格との結びつきは間接的なものにとどまるとしたもの（東京地判一九九一年六月二一日）とがある。前者は、バイク免許の取得は私生活に関する自己決定の範囲だとし、後者は、自己決定権の対象とまでは認められないとしたものと読んでいいだろう。

髪型の自由やバイク免許取得の自由は、先の有力学説によれば④の類型に入るもので、その重要性についての判断が分かれる事柄といえる。そのせいか、自己決定権の対象と認めるかどうかについて判例も分かれている。特にバイク免許取得の自由は、一般に個人的な趣味・嗜好の問題と捉えられがちなので、人格的自律にとって一般的にみて、不可欠かどうかという基準を立てて自己決定権の範囲を考えるならば、自己決定権の対象とは認められないという結果になるだろう。ただ、「個人」を尊重し、その人なりの価値観を尊重するということが憲法の趣旨だとすれば、そういった自由（自己決定）も自己決定権の対象として保障する方がよいのではないだろうか。

自己決定の問題は、安楽死・尊厳死や避妊・堕胎などといった明らかに人格にかかわるものから、外観、性的自由、喫煙、飲酒、スポーツなどといった個人的な趣味・嗜好に近いものまで、多岐にわたっている。自己消費のために酒を造る権利が争われた判例まである（いわゆる「どぶろく訴訟」千葉地判一九八九年三月二六日）。一三条の保障する自己決定権は、それらさまざまな私的領域に対する公権力やその他の他者（「世間一般」あるいは「常識」という多数者のこともある）からの干渉に対する意識が高まった——より正確にいえば、私的領域とこれについての自己決定が非常に尊いものだという意識が強くなったというべきかもしれない——現代において、個人の私的領域全般について、みずからが決定できるようにすべきだ、という要請を背景に登場した新しい人権だということができる。まずは自己決定権を個人の私的領域一般についての自主的決定権としたうえで、それらに対する規制が必要と考えられるなら、それぞれの事柄ごとに規制の目的、態様、手段の必要性や妥当性が吟味されるべきだろう。しかも、自己決定が現代において「個人の尊重」原理や幸福追求権の保障という趣旨からして不可欠だということを念頭において、そのような自己決定権に対する規制の当否は厳格に審査されなくてはならないだろう。

4　平和的生存権

憲法前文は「全世界の国民が、ひとしく恐怖と欠乏から免かれ、平和のうちに生存する権利を有することと」を確認している。平和的生存権の主張は、この憲法前文に由来する。平和主義の理念と人権とを明確な意識のもとに結びつけた、日本国憲法ならではの新しい人権の主張だといえよう。「平和的生存権」という言葉が裁判の場で用いられた例はいくつかあるが、なかでも最も代表的かつ本格的なものは、長沼ナイキ基地訴訟第一審判決（札幌地判一九七三年九月七日）だ。本件において裁判所は、（保安林に代わる）代替施設の完備によって原告らの「訴えの利益」はなくなったとする被告側の申し立てを退け、「基地は一朝有事の際にはまず相手国の攻撃の第一目標になるものと認められるから、原告らの平和的生存権は侵害される危険がある」ので、原告らの〈訴えの利益〉はなお存在すると述べた。さらに判決は、平和的生存権は「基本的人権そのもの」で、「たんに国家が、その政策として平和主義を掲げた結果、国民が平和のうちに生存しうるといった消極的な反射的利益を意味するものではな」いと述べるなど、平和的生存権を実定的・規範的拘束力をもった、確固たる人権として構築していこうとする、なみなみならぬ意欲を示した。裁判所の積極的な姿勢は高い評価に値するだろう。

とはいえ、他の新しい人権と同様、この平和的生存権も輪郭の曖昧さという問題点を免れてはいない。まず、この権利の性格がよくわからないといわれる。第三章で列挙される諸人権規定の総論的存在だとする説、まったく独立した人権だとする説、幸福追求権の一形態だとする説などがあるが、いずれも一長一短だ。憲法前文の文言に由来することから、第一説が多数説となっているが、総論的であればあるほど、わざわざ「平和的生存権」という概念を立てることのインパクトは薄れてしまう。この権利に基づいて何が要求できるのか、という具体的内容もよくわからない（この点では、どの説をとっても同じだ）。また、そもそも憲法前文に裁判規範性があるのか、という点でも意見が分かれている。さらには、誰がこの権利をもっているのか、という問題も残されている（これについては、ひとりひとりの国民だとする説、国際人権規約にいう自決権をもった日本民族全体だとする説などがある）。

長沼事件の第一審判決も、これらの点では混乱を示した。あらゆる法律が憲法の基本理念の実現をめざさなければならないというのはもっともな話だが、だからといって、保安林制度の目的は平和的生存権の実現にあるとするのは強引だろう。まさか、保安林はタマよけだというのでもあるまい。一朝有事の際にはナイキ基地周辺が狙われるから住民には「訴えの利益」があるとするが、一朝有事の際に平和的生存が脅かされるのはどこに住んでいても同じことではないかという反論もある。こうした曖昧さのゆえに、本件控訴審判決（札幌高判一九七六年八月五日）では、平和的生存権なるものは「なんら具体的、個別的内容」を持っていないとして、裁判規範性をアッサリと否定されてしまった。最高裁も、訴えの利益なしとして本案には立ち入らなかったが、立場はこの高裁と同じである。また、百里基地訴訟第一審判決（水戸地判一九七七年二月一七日）も同様だった。

このようにみると、平和的生存権は、いまだ形成途上の人権だといわざるをえない。しかし、この概念を精緻なものに仕上げることは、日本国憲法にかかわる者の責務だといえるだろう。なぜなら、長沼事件第一審判決も述べたように、日本国憲法の三大原理は「相互に融和した一体」のものであり、「平和主義と基本的人権尊重主義の二つの基本原理も、また、密接不可分に融合していることを見出す」からだ。平和的生存権はまさに日本国憲法の原点なのだ。

なぜ、この概念の精緻化が必要かというと、曖昧なまま用いられると、概念の逆用が起こるかもしれないからでもある。たとえば、国民には平和的生存権があるのだから、この権利を擁護するために自衛軍が必要だとか、北朝鮮のテポドンは国民の平和的生存権を脅かすから、ミサイル迎撃システムの完備が必要だとかというふうに使えば、概念の逆用だろう。国民の平和的生存権は「絶対的平和主義」に立たなければ保障されない、というのが日本国憲法の立場だろう。

さらにつけ加えれば、平和的生存権は日本の人たちの憲法のもとでのみ保障されればいいという立場ではないということも重要だ。それは、この地上に生きる者すべてに保障されるべき人権なのだ。恐怖と欠乏におびえることなく、平和のうちに生活する権利という、この「新しい人権」は、実のところ、あらゆる時代の人々が求め続けた、最も「古い人権」なのかもしれない。

TOPIC 「個性」尊重の日本？

マンガやアニメといえば、現在では、日本が誇る文化として認められるようになった。さらに、そんなアニメのキャラクターが飛び出したような扮装をして出歩く「コスプレ」も、最近の一つの日本文化のようだ。ある新聞の投書欄で目にしたが、韓国から来た留学生によれば、そのような格好で町を歩き回っている様子は、「個性尊重」の日本を表しているそうで、「自分の母国（韓国）では、人目を気にしすぎるのか、個性的な服装の人がまだまだ少な」く、日本のそのようなあり方に「拍手」を送りたいそうだ。

たしかに、現在の日本社会では、以前ははばかられた奇抜な格好や、子どもじみているなどとして馬鹿にされたような服装をしても、かつてのように奇異の目で見られることは少なくなった。これは現在、さまざまな面でみられる傾向である。たしかに、ここ最近の日本社会は、個性に寛容になった。各人それぞれの独自性や、自分なりのあり方に対して、尊重の姿勢を示すようになった。これは、一三条のいう「個人の尊重」の求める内容の一部が実現したといえるだろう。

　だが、一方で、最近の日本の風潮を嘆き、日本人の振る舞いを批判する論者からは、この一三条の「個人の尊重」は、そういった現在の状況の元凶としてやり玉にあげられることが多い。個人、個人と大事にしすぎ、そのおかげで、周りや他者のことを顧みない自分勝手な人間を増産する原因となった、というのである。先述の韓国留学生は、母国での人々の心持ちを「人目を気にしすぎる」といい表していたが、そのような論者からすれば、「日本人よ、もっと人目を気にしろ！」ということになるだろう。たしかに、人目を気にしないで、傍若無人に振る舞う人々に対しては、周りに対する配慮を、といいたくなる気持ちはわかる。

　しかし、一三条をやり玉にあげ、そういった傍若無人の最近の日本人の振る舞いや風潮を批判する論法には、大きな誤解がある。それは、「個人」ないし「個人主義」という概念に対する誤解である。この誤解の原因としては、日本人を支配している歴史的背景に基づく思考や文化があることはよく指摘されている。つまり、「個人主義」、「個人」を尊重すべきという考え方は、自分という「個人」さえよければよい、という考え方ではなく、自分という個人と同様に、他人という「個人」も尊重されなければならないという考え方であって、そうしなければ、人々はバラバラな存在に陥って、社会は成り立たないという経験的、論理的な思想に支えられているのだ、という理解が欠けているということである。

　日本社会は、「個性」を尊重することはできるようにはなったが、本当の意味で「個人」を尊重することができるようになるには、今少し、時間が必要のようだ。

（真鶴　俊喜）

第6章　精神的自由

憲法一九条の思想及び良心の自由は、人の内面的・精神的な活動の自由を保障する。精神活動はあらゆる自発的な行動の基礎となるものであり、これが保障されることは人格をもった自律的な主体である人間にとってはかけがえのないものだ。

人はその内面活動を外部に表現することで満足したり、不満を抱いたりする。場合によっては自己を否定することもあろうが、そうすることによって、ひとりよがりの内面活動に修正を加える機会を得る。つまりは、内面活動を互いに表現し合い、他者とコミュニケーションをもつことで、はじめて自己を確認したり、互いに人格を認め合ったりすることができるのだから、思想及び良心の自由は憲法一三条の〈個人の尊重〉の前提をなすものだといえる。また、国民主権原理は、一人ひとりが異なった意見をもつことを前提に、国民相互間の議論や共感、合意を通じて国政を運用しようとするものであるから、国民主権原理にとっても思想及び良心の自由は不可欠な自由だろう。

異なった意見やその伝達が宗教的信仰の形をとるときには信教の自由（二〇条）、科学的真理の探究の過程、あるいは成果の伝達・発表の場合は学問の自由（二三条）、そして表現一般については表現の自由（二一条）として保障されている。これらと思想及び良心の自由とを総称して精神的自由という。

精神的自由は重要・不可欠な人権ではあるが、必ずしも常に無制約というわけではない。場合によっては公権力による規制に服する。しかしこの場合でも、その規制の問題を裁判所が審査する際には、他の人権以上に厳重で厳格な審査基準が用いられなければならない。

1　思想および良心の自由

❖思想および良心の自由の保障の意味

「思想及び良心」は人の内面活動であり、他人が何と言おうと、本人が「こうなのだ」と考えれば終わりなのだから、保障されるまでもなく自由であり、そもそも侵害のしようがない。わざわざ人権として保障しなくても、表現の自由や信教の自由、学問の自由といった外面的な精神活動の自由が保障されていれば十分だとも考えられる。事実、思想及び良心の自由を格別に保障する例は諸外国の憲法を見渡してもあまり多くはない。では、なぜ、あえて日本国憲法はそのような人権を保障したのだろうか。

その理由の一つには、わが国に固有の歴史的経験がある。明治憲法においても精神的自由は保障されていたが、それは人権としてではなく、統治権者である天皇によって恩恵的に与えられた「臣民の権利」としてでしかなかった。このような体制のもとでは、天皇の絶対的権威は個々人の内面的な精神世界までも統制すべきものとされていた。日本国憲法は、こうしたわが国の過去の経験に基づき、あえて一九条に独自の規定をおいて、各人の思想・良心が自由であることを再確認する必要があると考えたのだ。

もう一つの理由は、〈思想及び良心の自由〉は実際に侵害されうるということだ。先に述べたように、各人の内面活動は外部の行為から一見独立しているようにもみえるが、しかし、実際にはなんらかの形で外部の行為によって影響を受けうる。いわゆる、マインドコントロールが問題となるのも、そういうことだからだ。とくに圧倒的な力をもった他者、とりわけ国家から特定の思想を組織的に強要されたり妨害されたり、あるいは、みずからの思想や良心を告白させられたり、推知されたりするとき、各人はもはや内面の自由を維持しえなくなる。実際、旧憲法下では、国家に都合の悪い思想の形成は治安維持法をはじめとする諸規制によって有形無形に統制され、「国体思想」が強制されたのだった。そこで、思想及び良心の自由を人権として保障し、思想形成への外部的な国家の不介入を保障することが必要だと、憲法は考えたのだ。

ポツダム宣言に「言論、宗教及思想ノ自由並ニ基本的人権ノ尊重ハ確立セラルベシ」(一〇項)とされ、これを受けて日本国憲法一九条に〈思想及び良心の自由〉が規定されたのも、この自由が実際に侵害されうるという、まぎれもない歴史的経験に基づいてのことだった。

❖「思想及び良心」の意味

憲法一九条は「思想」と「良心」の自由を保障する。通説では、一応、倫理的な性格を有する問題についての考え方が「良心」であり、それ以外の問題についての考え方が「思想」であるとするが、一九条はともに一括して保障しているので、強いて両者を区別しなくても問題はないだろう。

しかし、ここでいう「思想及び良心」がはたしてどのような内面活動をさすのかについては、少し検討が必要だ。後に述べるように、一九条は思想の告白を強制されない、いわゆる「沈黙の自由」を含むが、わが国の法制度では、一定の内心を告白することが法的に義務づけられることがあるからだ(たとえば法廷での証言など)。

これについて、単なる事実の知・不知の表明は思想・良心の告白ではなく、原則として一九条の保障対象には含まれないというのが通説だ。しかし、それを除いた内面活動について争いがある。「思想及び良心」を狭く捉える説は「信仰に準ずべき世界観、人生観等個人の人格形成の核心をなすもの」に限定する。広く捉える説は「人の内心におけるものの見方ないし考え方の自由」、「内心の自由一般」を一九条の保障対象と考える。もっとも、狭く捉える説も、人格形成の核心をなすもの以外の内面活動がまったく保障されないとするのではなく、保障されるかどうかの境界は「動態的」だとしているから、実際には両説ともあまり差がない。また、単なる事実の知・不知であっても、一定の場合（たとえば報道記者に対するニュース・ソース開示の強制など）には思想・良心の侵害を来しうるといった見解もある。

そもそも、思想・良心はすぐれて主観的なものであり、また、これらがどのように侵害されるかについても、非常に主観的・個別的なもので、その人によって違う。思想・良心は単なる事実の知・不知の証言によっても侵害されうるし、世界観や人生観を直接述べなくても、道徳や倫理について、ごく一般的な意見を求められるだけでも思想・良心が傷つけられることがある。そこで、「思想及び良心」はすべての内面領域をさすものではなく、人格形成の核心をなすもののみをさすとしつつも、それ以外の内心の告白によっても侵害されうるのだ、と捉える方がよいだろう。実際には、内面的領域に関わる規制や強制を公権力が行う際には、抑制的な姿勢が求められ、違憲審査では、違憲性の推定を働かせるべきということになる。

❖「思想及び良心の自由」の侵害

思想・良心は、内面の活動にとどまる限りでは外部とぶつかることはない。だから、他人の権利やその他の利益を侵害してはならないという「他者加害」を理由とする制限を受ける余地はなく、「絶対的自由」といわれる。また、人の内面活動に関する自由であるからには、公権力による規制は直接には不可能だ。しかし、先に述べたように、人の外面的な行為の規制を通じて内面の自由に対する侵害が問題になることがある。

思想・良心の自由が侵害されるのは、以下のような場合だ。

①国家権力が特定のものの見方や考え方を正当なものとみなし、国民に対してそれにしたがうことを強制する場合。

国家が特定のものの見方や考え方（たとえば、戦前の皇国史観やこれに基づく天皇崇拝）を積極的に支持し、その権力を行使して強制することによって、個人の思想・良心の自由が侵害されることはいうまでもないが、この強制はもっとゆるやかな方法、つまり、特定の思想を組織的・継続的に宣伝することによってもなされる。戦前の思想統制はそういった宣伝と教育によって行われたのだった。

なお、国家が法を定め、これにしたがうよう強制することも、法が特定の思想の結果として成立するものである以上、ある程度のことはしかたのないことで、あたりまえのことだ。けれども、たしかに、一般的な法への服従義務は否定できないが、国家が法として定めたものであれば、どのような内容でも国民に対して強制できるとするのは立憲主義という立場からすれば許されない。基本的には、当人の自律的価値判断に委ねるべきことについて、その判断を無視して、特定の価値判断にそった行為を強制する場合、たとえば、国旗・国歌に関する事例や、個人の人格の核心を著しく害するような法の強制の場合も、一九条違反の問題を生ずると考えるべきだろう。このほか、一般に、いわゆる「良心的兵役拒否」の例もそれにあたるとされる。

実際に争われた個人の人格と深くかかわる問題として、西暦卒業証書請求事件（大阪地判一九九四年一二月一一日）がある。この事件では、卒業証書に記載される日付は元号ではなく西暦で記載してほしいと中学校長および市教育委員会に再三要望したにもかかわらず、元号のみを記載した卒業証書を交付されたとして、当該生徒および父母が市を相手どって国家賠償を請求した。原告は、公権力による元号の強制使用は皇国史観的イデオロギーを強制することであり、一九条の規定に反すると主張したが、裁判所は、元号記載の卒業証書は受忍限度内であって、思想・良心の自由の侵害にあたらないとして退けた。

②特定の思想の保持者であること、もしくは特定の思想を支持しない者であることを理由に刑罰その他の不利益を科す場合。

特定の思想をもっていること、またはもたないことを理由に不利益を与えることは憲法一四条の「信条」に基づく差別として禁止されるとともに、一九条の規定によっても禁止される。また、思想の表明としてなされた行為を規制する場合、その行為の基礎である思想の内容自体を問題として規制することは、二一条によって禁止されるとともに、一九条によっても禁止される。

このような侵害については、とりわけ企業と労働者の間の雇用関係で問題となった。代表的な事例として、マッカーサー書簡の指令によって共産主義思想の保持者が多数解雇されたレッド・パージ事件、学生運動歴を理由に本採用を拒否されたとして争った三菱樹脂事件などがある。

レッド・パージ事件について最高裁は、本件の解雇理由は共産主義思想を保持していることにあるのではなく、企業破壊的言動を行ったことにあるとして、思想・良心の自由の侵害を否定した（最判一九五五年一一月二二日）。また、三菱樹脂事件については、私人間への憲法規定の直接適用を否定し、私企業には「雇用の自由」があるので、特定の思想・信条を理由として採用を拒否したとしても違法ではないとした（最大判一九七三年一二月一二日）。

③内心の告白を強制したり、推知したりする場合。

直接実力でもって口を割らされる場合だけでなく、アンケート調査や警察官の聞き込みなどで、人が内心の思想を強制的に告白させられたり、推知されたりすると、必ずしもその思想を持っていることを理由として処罰されたりしなくても、内面活動の自由は失われる。内心の自由を十分に保障するためには沈黙の自由の保障も必要だ。いわゆる「踏み絵」の強制は、それによって内面を推知されることに着目すれば、沈黙の自由の侵害にあたるが、自己の内面に反してやりたくないことを強制されるという意味では、先の①の場合の侵害も含むといえるだろう。

2　信教の自由

❖日本国憲法と信教の自由

歴史的にみれば、精神的自由という観念は、そもそも〈信教の自由〉から派生・発展したもので、信教の自由はあらゆる精神的自由を確立するための推進力となってきた。

外見的とはいえ、立憲主義の体裁をとった明治憲法においても、二八条に信教の自由は保障されていた。ただし、「安寧秩序ヲ妨ケス及臣民タルノ義務ニ背カサル限ニ於テ」という限定が付けられており、神権天皇制と結びついた厳しい制約を受けた。神社神道は天皇の祖先たる「神々」を祀るものとして、他の宗教とは別格の扱いを受けた。この特別扱いは「神社は宗教に非ず」として正当化され、また、天皇の祖先神を信奉し参拝することは「臣民タルノ義務」とされたのだった。結果的に、神社神道が事実上の国教として優遇された反面、キリスト教や大本教など他の宗教は冷遇され、少なからず弾圧を受けた。

戦後、このような神社神道の特別扱いは「神道指令」（一九四五年）によって否定されるとともに、信教の自由の確立が要請された。日本国憲法には、以上のような経緯を踏まえて、個人の信教の自由と、国家と宗教の分離が規定されている。軍部ファシズム体制に途を開き、天皇の神格化の精神的基盤を築くために働いた国家神道のありかたはとうてい許されるものではないし、個人の宗教的選択を最大限尊重することは個人の尊重を保障する以上、当然の帰結であった。

❖信教の自由の内容

信教の自由の内容には、以下のものが含まれる。

①内心における信仰の自由　ここには、特定の信仰をもつ自由ともたない自由が含まれる。これらは内心の自由であるから、思想・良心の自由の場合と同じく絶対的自由で、制約を受けない。「信仰告白の自由」は、これを公権力によって信仰の告白を強制されないという宗教上の沈黙の自由として捉える場合には、ここに含まれるが、信仰を外部に告白することを妨げられない

という宗教上の表現の自由として捉える場合には、次の「宗教的行為の自由」に含まれる。制約の可能性についても、宗教上の沈黙の自由は思想・良心の自由の場合に準じる。

②宗教的行為の自由　ここには先の信仰の表現の自由のほか、「布教宣伝活動の自由」「宗教教育の自由」などが含まれる。「宗教的行為の自由」は他者や社会の利益に抵触することがあるので、絶対無制約ではありえない。

「信仰の表現の自由」としては、礼拝、祈禱、その他宗教上の儀式・式典などが考えられ、これらを行ったり、参加したりすることを妨げられない自由や参加を強制されない自由が含まれる。また、それ自体は宗教的に中立な儀式や行事であっても、それへの参加の強制が結果的に個人の信仰の否定を迫るような場合には許されない。

「宗教教育の自由」には、特定の宗教のための宗教教育をする自由、受ける自由、逆にそういった教育を受けない自由が含まれる。たとえば、特定の宗教教育を国公立学校で行った場合、このことが生徒の意に反してなされたときは、この生徒の特定の宗教教育を受けない自由が侵害される（これ以前に、国公立学校での特定の宗教教育は、二〇条三項の政教分離の規定により、当該生徒の意思にかかわりなく、違憲となる）。

③宗教的結社の自由　ここには、個人の自由と結社（団体）自体の自由が含まれる。個人の自由としては、宗教団体を結成する自由、しない自由、団体に加入する自由、しない自由、団体構成員として残留する自由、脱退する自由があり、結社自体の自由としては、団体自体がみずからの意思形成をし、それに基づく諸活動について公権力から干渉を受けない自由がある。なお、ここにいう「宗教団体」は、宗教法人法にいう法人格を持つもののみでなく、広く、一定の宗教目的をもって活動する、特定の信仰をもつ者によって構成される団体を含む。

宗教の内容に着目して結社の自由を規制することは許されない。ある宗教団体の信仰が一般的に邪悪なものにみえても、それを理由として禁止することは違憲だ。そのような宗教団体が具体的に外部的行為を伴って他者の権利・利益を侵害しない限り、公権力でもって取り締まることは憲法上は許されないことであり、世論や国民感情などの社会的評価と法的規制とは区別されなければならない。逆に、一般に邪悪とは考えられていない宗旨・教義の宗教の行為であっても、一般法上の規制を受けることもある。

信教の自由をめぐる判例としては、次のようなものがある。

刑事上の犯罪にあたるから、反社会的行為だとして規制された事例として、加持祈禱事件がある（最大判一九六三年五月一五日）。本件では、精神平癒のための線香護摩《ごま》による加持祈禱を長時間行ったためにその精神障害者が死亡した事件で、傷害致死罪の適用が争われた。最高裁は、その加持祈禱行為は信教の自由の保障の限界を逸脱した「著しく反社会的なものである」として、傷害致死罪の成立を認めた。牧会活動事件（神戸簡判一九七五年二月二〇日）では、牧師が、建造物侵入の疑いで行方を追求されていた高校生二名を教会建物内に宿泊させたことにつき、犯人蔵匿罪の成立が争われた。裁判所は、牧会活動は外面的行為である以上、公共の福祉による制約を受ける場合があるとしたうえで、本件牧会活動はもっぱら牧師を頼ってきた両少年の魂への配慮に出た行為であり、目的において相当で、手段方法も相当であったので、正当な業務行為であるとして無罪とした。宗教行為と刑事罰の可否については、このように、その宗教行為がもたらす法益侵害の重大さ、犯罪としての重大さ、宗教行為の目的の妥当性、手段方法等を考慮して判断される。

授業を受ける義務と信教の自由がぶつかり合うことがあるが、たとえば、キリスト教の教会学校出席のため日曜日の参観授業を欠席した児童と両親が、学校が欠席扱いにしたことは信教の自由を侵害するものだとして争った事例がある。これについて裁判所は、児童の宗教行為のために公教育の授業の出席を免除することは公教育の宗教的中立の観点から好ましくなく、公教育の必要性がある授業日の振り替え（日曜日の参観授業）の範囲内では、宗教上の集会と抵触しても合理的根拠に基づくやむをえない信教の自由の制約である、とした（東京地判一九八六年三月二〇日）。逆に、「エホバの証人」信者である工業高等専門学校生が、信仰上の理由で剣道実技参加を拒否したことを理由として進級拒否処分、ついで退学処分を受けた事例については、裁判所は、学校側が代替措置をとらなかったことなどの考慮すべき点を考慮していないとして、当該の処分について裁量権の範囲を超えるものだとしている（最判一九九六年三月八日）。

❖政教分離原則の性格

憲法二〇条一項後段、同条三項、および八九条は政教分離の原則を規定する。

信教の自由の保障のためには、国家の非宗教性と中立性、および国家と宗教が分離していることが求められる。国家と宗教が結びつくことは、とりもなおさず、それ以外の宗教を迫害することにつながるし、無宗教者も白眼視されることになるのは歴史の示すところだ。

とはいえ、主要な各国をみると、国家と宗教との関係についての憲法上の扱いはさまざまだ。たとえば、イギリスは国教を導入しながら、それ以外の宗教について寛容だし、ドイツ、イタリアなどでは、教会に公法人としての憲法上の地位を与えたうえで、国家と教会とが競合する事柄については和親条約（コンコルダート）によって処理するという方法をとっている。アメリカ、フランスなどはわが国と同じように政教分離を採用しているが、そのような国でも、緩やかな分離、厳格な分離など実に多種多様だ。

わが国においても、この原則の適用態度について議論されているが、憲法の規定する政教分離原則が、明治憲法下での国家と神社神道との結合のもとで、個人の信教の自由が著しく抑圧された経験を踏まえたものであることを考えれば、適用態度は厳格なものであるべきだろう。

政教分離原則は、信教の自由を確保し、強化するための手段として保障される制度だと解するのが通説で、その意味で、政教分離原則の性格は「制度的保障」だといわれる。政教分離原則を人権保障規定と解して政教分離を厳格に貫こうという説もあるが、裁判所も政教分離原則は制度的保障だと考えている（「津市地鎮祭事件」最大判一九七七年七月一三日）。

制度的保障（この概念は、本来ドイツ公法学で唱えられたもので、日本の最高裁や学説で用いられているものとは、やや、ニュアンスは異なる）と解したとしても、政教分離の程度は法律によって具体的に定めることが可能であり、場合によっては、国家と宗教の結びつきもある程度認められるとする説（相対的分離説）と、政教分離原則の内容は憲法によって具体的に定められており、国家と宗教を憲法の条文どおり、厳格に分離すべきだとする説（絶対的分離説）とがある。政教の融合という間接的な圧迫が信教の自由に与える脅威を考えれば絶対的分離説を採るべきだと考えられるが、裁判所は、先にあげた津市地鎮祭事件をはじめとして、相対的分離説に立っている。

❖政教分離原則の内容

政教分離原則は、具体的には次のような事柄を内容とする。

①宗教団体に対する国からの特権の付与の禁止。国が特定の宗教団体に何らかの優遇的な地位や利益を与えることは許されないし、また、あらゆる宗教団体を他の種の団体と区別して優遇することも許されない。

②宗教団体が「政治上の権力」を行使することの禁止。宗教団体が国の統治権を握ることによって、たびたび信教の自由が侵害された歴史的経験に基づく。

③国の宗教活動の禁止。憲法二〇条三項で「国およびその機関」に対し「宗教教育その他、いかなる宗教的活動」もしてはならないと規定されているのがこれである。国公立学校で特定の宗教のための宗教教育をすることは許されない。ただ、宗教一般の社会生活における意義を明らかにしたり、宗教的寛容を養うことを目的とする教育をすることは政教分離原則に反しない。

禁止されるべき宗教活動の概念を厳格に解すべきか否かだが、これについては争いがある。判例は、いわゆる「目的・効果基準」で判断すべきだとしているようだ。たとえば、その基準を最初に採用した例として、津市地鎮祭事件（上掲）がある。この事件では、津市が体育館建設にあたって神職主宰の神道式地鎮祭を行い、その神職への謝礼や供物料といった挙式費用を公金から支出したことが争われた。最高裁は「当該（宗教）行為の目的が宗教的意義をもち、その効果が宗教に対する援助、助長、促進又は圧迫、干渉等になるような行為」は宗教活動に含まれるが、本件地鎮祭の目的は、一般人や主宰の意識からすると、建築着工に際し土地の平安堅固、工事の無事安全を願い、社会の一般的慣習にしたがった儀式を行うという世俗的なものであり、その効果も、神道を援助、助長、促進するものではないし、他の宗教に圧迫、干渉を与えるものではないから宗教活動にあたらないとした。また、自衛官合祀事件（最大判一九八八年六月一日）では、自衛隊職員と県隊友会が殉職自衛官を県護国神社に合祀申請した行為が宗教活動にあたるか否かという点が争われたが、ここでも目的・効果基準が用いられた。自衛隊職員の行為と宗教とのかかわり合いは間接的なものだったこと、その行為の意図や目的も合祀の実現によって自衛隊員の社会的地位の向上と士気の高揚を図ることにあって、宗教的意識は希薄だったこと、その行為の態様も、特定の宗教への関心を呼び起こしたり、あるいは特定の宗教を援助、助長、促進し、または他の宗教に圧迫、干渉を加えるような効果をもつとは評価されないこと、などを根拠として、結果的に宗教活動にはあたらないと判示した。同じ目的・効果基準を用いたものとしては、このほかに、箕面忠魂碑事件（最判一九九三年二月一六日）、岩手靖国事件（盛岡地判一九八七年三月五日）などがある。

愛媛県玉串料判決（最大判一九九七年四月二日）も、「目的・効果基準」を用いたものだが、この判決は、わが国初の最高裁が下した政教分離原則違憲判決である点で、注目される。その後、砂川政教分離訴訟（最大判二〇一〇年一月二〇日）でも違憲判決が下されている。ただ、ここでは、「目的・効果基準」にはふれられていない。これを捉えて最高裁は、もはや「目的・効果基準」は用いないのではないかという声もある。何よりも、違憲判決としての両判決の意義は見逃せないが、これらの事例は、愛媛県玉串料判決ではきわめて宗教的色彩の強い宗教活動（靖国神社境内で、例大祭という行事に際して、玉串料奉納という宗教色の強い作法で行われたという意味）が、そして砂川訴訟ではれっきとした宗教団体（公的援助を受けた団体が氏子集団であった）が問題となったものであり、緩やかに解しても合憲とするわけにはいかなかったのではないかと考えられる。判例の傾向は、やはり全体として宗教活動の概念については、緩やかに解しているものと思われる。

実際、宗教活動の概念を厳格に貫くと、たとえば、宗教系の私学への助成も憲法違反となるし、文化財保護のための宗教団体への助成金も問題となる。また、広島・長崎の原爆祈念式典の挙行も宗教行事となろう。卑近な例では、門松を飾ること、クリスマスツリーを飾ること、さらに節分の豆まきなども本来は宗教行事であるから、国や公共団体がそれらの行事を行うと政教分離原則に反することになる。そこまでいうと、いかにも行きすぎの感がある。また、宗教団体が絡むがゆえに一切国からの援助が受けられないとすると、結果的に、かえって差別になってしまう場合も考えられる。その限りでは、判例の態度はまったく間違いとはいえないだろう。

一方で、判例のように緩やかに解すると、国やその機関のかなりの行為が宗教活動にあたらないとされ、結果的に、憲法が政教分離原則を設けた意味が失われてしまうだろう。憲法がこの原則を設けたのは、信者が少数だからといって、多数者の常識や一般的感覚の名のもとに圧迫を受けることのないよう保護しようという意図があったからだ。特にそうした多数者の常識なるものが国やその機関の行為と結びつくとき、少数者への圧迫となるのは明白だから、国やその機関を宗教から遠ざけようというのが、この原則の趣旨なのだ。この趣旨に基づくならば、特定の宗教を助長するかどうか、他の宗教への圧迫・干渉になるかどうかは、少数者の視点から判断されなければならない。そしてそれはとりもなおさず、宗教行為の概念を厳格に解すべきことを意味するだろう。とりわけ神道に関しては——靖国神社や地鎮祭、忠魂碑はみな神道にかかわる——、戦前事実上、その国教化によって個人の信教が弾圧されたという、いわば「前科」がある。その意味からしても、神道に関する宗教活動については、なお一層厳格な分離を貫くことが求められる。一九八五年、当時首相だった中曽根康弘の靖国神社公式参拝に先だって「閣僚の靖国神社参拝問題懇談会」から出された報告書は、大方の国民感情や遺族の心情が公式参拝を望んでおり、その意味で、一般的感覚、常識からして靖国公式参拝は政教分離原則に反しないという意味の見解を述べた。そもそも、このような国民感情の読み方に問題があるが、かりにその読み方が正しかったとしても、公式参拝が一般常識だからこれに反対する少数者には脅威を与えても構わない、という論法は、政教分離原則の趣旨を根本的にはき違えている。

3　学問の自由

❖学問の自由保障の歴史

「憲法二三条の学問の自由は……大学が学術の中心として真理探究を本質とすることから、特に大学におけるそれらの自由を保障することを趣旨とする」とは、有名なポポロ事件における最高裁判所の説である。これをそのまま受けとると、学問の自由は、まるで大学生でなければ保障されず、高卒の人にはまったく関係のない人権のようだ。そうなると大変な差別である。しかし、学問の自由が大学における「特別の人たち」の権利として登場したということは歴史的事実だった。

学問の自由の観念を早くから発展させてきたのは一九世紀のドイツだ。ドイツは、市民革命という点では英仏に遅れ、市民的自由（思想信条の自由や表現の自由など）についての考え方も十分に発展していなかった。しかし、国策のうえで他の国に遅れをとるわけにいかないので、国家にとって必要な学問研究は優遇した。そこで、そのために重要な役割を果たす大学と、大学で研究に従事する教授やその他の研究者の優遇が必要だと考えられた。学問の自由は、そのような大学教授や研究者の「特権」、つまり、一般の他の市民にはない特別の自由として認められたのだった。

しかし、やはり、大学教授や研究者といった特別の人たちにしか認められない自由というのは、いかにも不公平だろう。市民革命が進んでいた英仏やアメリカでは、学問の自由は思想信条の自由や表現の自由といった市民的自由に含まれるものと理解されるようになった。

ただ、そう考えた国々でも、やがて学問の自由の必要性を見直さざるをえなくなる。二〇世紀になって大学の研究が大規模化すると、大学の管理者と教授や研究者の意思の疎通も減り、目さきの成果や営利にはしる大学管理者（理事会など）がいちいち教授や研究者の研究に口をはさむことが多くなった。こうした干渉は、しばしば研究の自主性を阻害する原因になる。そこで、当初、学問の自由を特別に保障する必要はないと考えていたアメリカでも、academic freedom が重要な権利だと考えられるようになった。

ところで、日本についていえば、明治憲法では学問の自由についての規定はなく、学問と教育は国家のために必要なものに限る、といった考え方だった。天皇制にまつわる神話の批判や社会主義の研究などは国家のためにならないから、という理由で禁止されたのだ。このような状況を示す有名なエピソードとして滝川事件がある。一九三二年、京都大学法学部の教授だった滝川幸辰が、中央大学で、犯罪者に刑罰を科すにあたっては報復的態度より同情と理解の方が人道的だというトルストイの考え方を支持する講演をしたことが問題となって起こった事件だ。当時の文部大臣鳩山一郎は、滝川教授の学問的見解を国家にとって好ましくないと考え、京大総長に対して滝川教授の辞職を求めた。法学部の教授会はこれに反対したが、文部大臣は職権をもって滝川教授を休職処分にしてしまった。この休職処分に怒った法学部教授やその他の研究者は一同で辞表を提出し、京大を辞職した。その他いくつかの経験を踏まえて、日本国憲法は、思想の自由や表現の自由とは別に、二三条で、とくに学問の自由の保障を規定したのだ。

❖学問の自由の内容と保障の意味

学問の自由の内容には、①学問研究の自由、②研究成果の発表の自由、③教授の自由が含まれる。学問の自由はすべての人に保障されるが、とりわけ思想・良心の自由（一九条）や表現の自由（二一条）と区別された意味での学問の自由は大学の研究者を対象としている。その理由の一つは、先にみたような弾圧の歴史を踏まえてのことだが、そのほかに、次のような理由がある。大学の研究者は研究施設や研究資金がなければ十分な研究活動ができないので、これらを出資してくれるパトロンが必要になる。パトロンは自分にとって利益になる研究を期待して出資するだろうが、学問研究というものはみずからの信ずるところにしたがって真理を追究することだから、必ずしもただちに利益にならない学問研究もあるし、パトロンにとって都合の悪いものもありうる。つまりは、研究者の利益とパトロンの利益は必ずしも一致しないことがありうるのだ。その際、パトロンの関心のみに基づいて研究が制約されたり、研究者が罷免されたりしたのでは、学問研究の発展はとうてい望めないだろう。大学での学問研究が、特にあつく保護されなければならないのは、こういう理由にもよる。

❖大学の自治

「大学の自治」については、憲法上、明文の規定がない。しかし、通説・判例では、大学での学問の自由を保障するためには大学の自治が不可欠だと考えられており、明文の規定がなくても大学の自治は憲法二三条で当然に保障されるものと解されている。学問の自由の保障を確保するために必要な制度という意味で、大学の自治は制度的保障という規定に分類される。この、学問の自由と大学の自治の関係は、ちょうど信教の自由と政教分離原則の関係と同じだといえる。

大学の自治の内容には、①教員人事に関する自治、②施設管理の自治、③学生管理の自治、④研究教育の内容や方法の自主決定権、⑤予算管理の自治（財政自治権）が含まれるが、⑤の予算管理の自治は、わが国では、実際にはかなり軽視されている。

大学の自治は、大学での自由な学問研究を確保することを目的としているから、大学の管理・運営に対する外部の政治的な権力からの干渉を許さないということも重要な趣旨だ。この、政治的干渉として警察権が問題となる。ある大学に属する人物（研究者や学生）が国家にとって都合の悪い研究や活動をしているというので、公安警察の調査を受けたり、場合によっては逮捕されたりしてもよい、というのであれば、学問研究が弾圧されるということになりかねない。そこで、必要があって大学内に警察権が介入するときには、大学当局の判断でその介入を許可するかどうかを決定できなくてはならない。先にあげたポポロ事件では、東大の教室で東大公認の学生劇団〈ポポロ〉主催の演劇発表会が開催された際に、警備情報を収集するために身分を隠して立ち入っていた私服警官を学生が発見し、暴力を加えたことが「暴力行為等処罰ニ関スル法律」に反するものとして起訴された。学生側は、そもそものような私服警官の立ち入り自体が大学の自治に反すると主張した。これに対し、最高裁は、〈ポポロ〉の演劇発表は、「真に学問的な研究と発表のためのものではなく、実社会の政治的活動であり、かつ公開の集会またはこれに準じるもの」として、このような活動は大学の自治の対象とならないとした（最大判一九六三年五月二二日）。しかし、〈ポポロ〉は大学公認の団体だし、正規の手続を経たうえで大学内の教室を利用して行われた発表会であったという事情を考えると、自治を認められている大学側の判断をまって警察権の介入がされるべきだっただろう。その意味で、最高裁の判断は大学の自治の趣旨を十分に汲んだものとはいえない。

TOPIC 滝川教授と刑法

戦前の昭和においては、時の政府の都合によって多くの学問弾圧がなされた。この弾圧は三期に区分される。一九二八年の社会主義者に対するもの、一九三三年のリベラル派に対するもの、一九三五年の立憲主義者に対するものだ。第一期一九二八年では、主として京大・九大・東大の「左傾」教授の辞職が当時の文相永野によって命じられた。第三期の一九三五年の介入では、いわゆる「天皇機関説事件」が有名である。

第二期のリベラル派に対する介入が、本文でも触れた「滝川事件」だ。ここではもう少し、この事件に立ち入ってみよう。そもそも、滝川教授が処分を受けた背景には、日頃同教授が大学における軍事教練に反対しており、このことで軍部ににらまれていたということがあった。そして、直接処分の理由となった彼の「刑法読本」には①犯罪発生は社会に原因があること、②政治犯は人間として扱われるべきこと、③姦通罪は男女平等に処罰するか、廃止すること、④尊属殺は重罪とされているが、多くの場合は親の方が悪く、これは封建社会の残りかすだといったような点が主張されており、このことが国家の怒りをかった。これらの指摘はみな、現在の一般的な理解からすれば当然で、既にほとんどが制度的に是正されている。

ところで、①について、本文でも示したように、滝川教授は応報的刑罰を批判し、犯罪には一般の人々が作り上げた社会全体に原因があることを述べている。われわれが作り上げた社会への自己反省を忘れ、犯罪者のみに憎悪の感情をぶつける厳罰主義の現在の様子をみると、①の点に関しては、教授の指摘は現在もなお、というよりは、むしろ、より強く顧みられなければならないのではないか。

（真鶴　俊喜）

第7章　表現の自由

1　表現の自由の「優越的地位」

❖表現の自由の意義と価値

表現の自由は、一般に「優越的地位」にある人権だといわれる。しかし、表現の自由が「優越的地位」にあるとは、どういうことなのだろうか。表現の自由と他の人権とが衝突したとき、表現の自由は他の人権に優先して保障されるということなのだろうか。たとえば、写真週刊誌が表現の自由を押し立てて、好き放題に他人のプライバシーをあばきたてるようなときでも、文句は言えない、ということなのか。ビラやチラシを貼るのは表現の自由の行使だからといって、他人の家の塀や壁にまで勝手にベタベタ貼っても構わないということなのか（この場合、表現の自由と家の持ち主の財産権が衝突していることになる）。実際には、そのようなことが許されないことは誰でも知っているだろう。

そもそも、表現の自由が保障されなくてはならないとされる理由を考えてみよう。一般には次の三つの理由があげられている。

①人は言いたいことを言い、他人とコミュニケーションをとりたいという本性をもっているということ。人と話したい、人の考えを知りたいというのは、社会的動物といわれたり、知的欲求をもった存在としての人間には当然のことだから、たとえば、誰もいない山のなかでの暮らしは普通は苦痛だし（だから、山にこもることは〈修行〉になるのだ）、話したいことを話せない人は、ストレスでおかしくなるということもある。

②人類が進歩し、真理に到達するためには多様な意見が自由に交換されることが必要だということ。ひとりよがりの意見には限界があるし、意見を聞いてくれて、批判をしてくれる他人がいなければ、間違った意見を訂正してもらうチャンスもない。人間社会が発展していくためには、多くの人たちの意見が交換されたり、間違った意見が棄てられたりすることが必要だ。「三人よれば文殊の知恵」ということわざもある。

③民主主義にとって、自由な意見交換・討論が欠かせないということ。とくに民主政治にとっては、自由な意見表明とそれを聞くことの自由はなくてはならないものといえる。自分たちの国

で、いま、何が問題なのかを知らなくてはならないし、その問題をどうしたら解決できるのか、議論しなくてはならない。また、その問題を解決するのにふさわしい人は誰なのか、いろいろな人の意見を聞かなくてはならない。さらに、いったん問題の解決を任せた人が本当にちゃんとそのために働き、努力しているのか、チェックしなくてはならない。そのためにはその人の働きぶりを知らせること、知ることが必要となる。問題解決にあたる人とは政治家（国会議員や大臣など）や官僚のことだ。民主主義を維持するためには、そのような各場面に国民がかかわることができなくてはならない。国民がかかわることができれば、権力者の地位にある者の責任を追及したり、場合によってはその地位から引きずり降ろすこともできるのだ。

一般に、上記の①は表現の自由の「個人的意義」、②は「社会的意義」、③は「政治的意義」といわれ、また、①は（ときによって②も含めて）「自己実現の価値」、③は「自己統治の価値」などと称されることもある。そのような意義や価値のゆえに、表現の自由はそれ自体、たしかに大切な人権だといえる。とはいえ、他の人権もそれぞれがそれなりの理由から、表現の自由に劣らず大切な権利のはずだ。だから、表現の自由が「優越的地位」にあるということは、表現の自由と他の人権との間に序列の差があるということをいっているのではない。

❖表現の自由の「優越的地位」

では、なぜ表現の自由は「優越的地位」にあるのか。それは、こういうことだ。表現の自由は先に説明したように、大切な人権だが、特に③の理由で説明したとおり、政治家や大臣、官僚などの時の権力者の仕事ぶりをチェックするために重要な働きをする人権だから、権力者にとっては至極ありがたくない人権ではある。国にとって重要な問題を解決してもらうために選ばれた人は、まじめにその問題にあたることを条件に権力を与えられるわけだが、適当に仕事をして、あとは役得で「うまい汁」を吸おうと考えている人も少なくない。政治家が賄賂を受けとるとか、役人が見返りと引き替えに天下りをするとかといった問題が後を絶たないのはこのためだ。しかし、そう考えている権力者にとって、自分たちの行動を逐一チェックされるというのは非常に都合が悪い。誰とどこで会ったとか、活動資金がどこから入ってきたのか、どういう使い方をしたのか、財産はどれくらいあるのか、などなど。こんなことをあばかれるのは、彼らにとって迷惑な話だろう。

そういう不真面目な人にとってはもちろんだが、真剣に国のためを思って権力の座で働いている人にとっても、やはり表現の自由の保障が都合が悪い場合がある。「わたしの信念のとおりにやらないと、この国は滅びる」などと考えている人は、真面目にそう考えれば考えるほど、自分の信念や考えに反する意見やものの考え方を受け入れたがらない。軍備を充実させて、強い日本にしたいと考える権力者にとっては、非武装中立を唱える人の意見は邪魔だし、平和集会なども苦々しい思いでみていることだろう。性的表現の氾濫は人間の頽廃をもたらす害悪で、国や社会のためにならないと権力者が考えると、性的表現が取り締まられるという場合もある。いずれにせよ、そういった権力者の個人的な利益や考え方に反する表現は、何かと理由をつけて規制されやすい。

表現の自由は、先に例としてあげたように、他人のプライバシーや財産権などとぶつかることもあるし、それ以外にも他人に迷惑をかけることがあるから、思想の自由やその他の内心の自由のように、まったく無制約というわけにはいかない。しかし、制約される場合には、その表現が本当に制約されるだけの害を生じることが明らかでなくてはならない。表現を制約する権限を実際に行使するのは、先に説明したように表現の自由を好ましく思っていない権力者たちだからなおさらだ。そういう意味で、よほどのことがない限り、表現の自由は制約されてはならない、ということになる。しかも、一見もっともらしい理由であっても、本当は別の理由で表現が制約されることがあるし（デモ行進による表現を、交通秩序の維持の妨げになるからなどと言いながら、本当はそのデモ行進の内容を理由として許可しない場合などがある）、本当に害悪を生じるかどうか客観的にははっきりしていないのに、何となく気にくわないというだけで制約されてしまう場合もある（わいせつ表現の規制などに多い）。だから、本当に規制に値するだけの十分な理由があるのか、野放しにしておくと害悪が明白なのか、など、表現の自由の制約があった場合には厳格に審査しなくてはならないということになる（この審査をするのは、最終的には人権侵害の裁判を担当する裁判所だ）。表現の自由が「優越的地位」にあるということは、他の人権に比べて高い地位にあるということではなく、時の権力者によって、漠然とした、またはよこしまな理由に基づいて制約されてしまいやすい人権だから、表現の自由の制約が問題になったときには、裁判所はその制約を厳格に審査しなくてはならない、ということなのである。

さて、表現の自由の保障と規制の限界については多くの論点や問題があるが、以下では、代表的な問題に絞って考えてみることにする。

2　表現の自由の保障と規制

❖事前抑制

「河童もお産をするときに我我人間と同じことです。やはり医者や産婆などの助けを借りてお産をするのです。けれどもお産をするとなると、父親は電話でもかけるやうに母親の××××をつけ『おまえはこの世界に生まれて来るかどうか、よく考えた上で返事をしろ。』と大きな声で尋ねるのです。……」

これは、芥川龍之介の作品『河童』の一部だ。文中の××××は、明治憲法下、当局の検閲によって伏せられてしまった部分だ。当時は、このような検閲は当たり前で、こうした文学作品だけでなく、あらゆる種類の出版表現物が政府当局の審査を受け、あるのものは一部を削除され、またあるものは一切の発表を禁止された。

表現行為がなされる前に公権力によって何がしかの方法で抑制されることを事前抑制という。先に説明したように、日本国憲法のもとでは、表現の自由は〈優越的地位〉におかれており、表現行為の規制はよほどのことがなければ許されない。また、規制をするにしても、その手段は規制の目的を達成するために必要最小限のものでなくてはならない。事前抑制は通常、必要最小限の規制を超えて表現行為を抑制することになるから、原則として許されない。ちょうど、粗悪な商品をはじめから発売禁止にするより、自由に市場に出回らせて、粗悪品の淘汰を市場に任せた方が自由主義の原理にかなっているように、どのような意見やものの見方でも、まずは世間の目にさらしたうえで、批判なり異論なりを受けさせ、間違った意見やものの見方が淘汰されるのを待った方が確実に真理に達することができるだろう、というのが自由主義の考え方だ（これを〈思想の自由市場〉という）。ところが、事前抑制はあらゆる意見やものの見方が世間の目にさらされるチャンスをはじめから閉ざしてしまうものだから、自由主義の社会にはなじまない方法だといえる。明治憲法下の場合のように、国家の一定の方針のもとでこれが行われると、事前抑制は国家にとってまことに都合のよい思想操作のための手段として働く。国家にとって知られたくないこと、自分たちの方針にそぐわない意見、邪魔になる考えを一般国民の目に触れる前にシャットアウトしてしまえば、そもそも国民は国家の方針に反論できない。そして、国家は、誰も反対しなかったのだから、みんな国家の方針を支持しているのだと宣伝することができる、というわけである。むろん、国家は社会に害悪をもたらす表現行為だから抑制したのだと弁解するだろうが、事前に抑制されてしまった表現行為の内容は一切一般国民には知らされないのだから、いかに不当な基準で抑制されても、その不当性をあばくことはまったく不可能になる。

❖検　閲

そういうわけで、憲法二一条は事前抑制を原則として禁止している。さらに、同条はその二項で検閲の禁止をはっきりと謳っている。検閲も事前抑制の一つだが、二一条二項は事前抑制のなかでも、とりわけ検閲だけは絶対に許さないという意図から、強いて名をあげて禁止している（検閲の絶対的禁止）。

では、検閲とは何か。最高裁は次のように定義している。検閲とは「行政権が主体となって、思想内容等の表現物を対象とし、その全部または一部の発表の禁止を目的として、対象とされる一定の表現物につき網羅的一般的に、発表前にその内容を審査した上、不適当と認めるものの発表を禁止すること」をいう（「税関検査事件」最大判一九八四年一二月一二日）。その昔、中国の秦の始皇帝は気に入らない儒教の書物を集めて、いっせいに焼き払ってしまったという。世に焚書と呼ばれ、始皇帝の悪政の一つとされている。最高裁の検閲の定義は、焚書のような歴史的な検閲の概念におおむね沿ったもののようだ。ただ、上記の最高裁の定義から検閲と認められるための条件を引き出してみると、検閲と認められるためにはかなり多くのハードルが用意されていることがわかる。たとえば、先にあげた税関検査事件で最高裁は、輸入図書の内容をチェックして不適当とみなされたものは没収されたり、反則金を課せられたりすること（関税定率法二一条）について、この手続は関税手続の一環として行われるもので、思想内容等の審査を目的とするものではないから、検閲にはあたらないとした。また、教科書裁判として有名な訴訟のうち、第一次家永訴訟（最判一九九三年三月一六日）では、教科書検定は当該図書の一般図書としての発行を何ら妨げるものではないから、検閲ではないといっている。最高裁の考える検閲の概念は相当狭いらしい。これでは検閲にあたるものが実際にはほとんどなく、憲法が検閲を絶対的に禁止した意味がなくなってしまう。そこで、検閲とは次のように理解すべきだと思われる。

①公権力が表現内容について審査すること。憲法が検閲の禁止を定めた理由は、公権力によって思想統制が行われることを避けるためだったが、思想統制は思想自体を取り締まるだけでなく、さまざまな事実に関する情報を操作することでも可能だ。たとえば、戦時中、日本政府は戦況の劣勢を隠し、日本軍の快進撃を伝えたが、こうした情報操作のねらいは、国民の戦意を鼓舞し、国家主義思想を維持することにあった。最高裁のいうように、狭く「思想内容等」に限定しないで、事実関係も含めて、広く表現内容全般についての審査が検閲にあたると解すべきだろう。

②審査が国民などの情報の受け手に到達する前になされること。最高裁は「発表前」だけに限っているが、発表後であっても、国民に広く行きわたる前に審査をすれば同じことになる。

③「発表の禁止」は検閲の不可欠要件ではない。つまり、「発表の禁止」などの強制措置を伴っていなくても、検閲にあたると考えるべき場合がある。そもそも、公権力によって事前審査がなされるということ自体が表現行為を萎縮させ、表現する側の自己抑制を引き起こす可能性があるからだ。

憲法の趣旨からすれば、以上のように、検閲の概念は広く捉えるべきだろう。そう理解したうえで、検閲は例外なく絶対に許されないものだということをもう一度確認しておきたい。

とはいえ、それでは、個人の人格権（名誉やプライバシー）を守るために、裁判所が人格権を傷つけるような表現を差し止めるということも許されないのだろうか（たとえば、このような事例を扱った判例として、「北方ジャーナル事件」最大判一九八六年六月一一日がある）。このような場合にも、裁判所による事前抑制は一切許されないとすると、名誉やプライバシーを侵された人たちは、名誉毀損の裁判の決着がつかないうちに世間に公表されてしまい、取り返しのつかないことになる。その内容が真実でなかったり、あるいは公開されてはならない内容を暴露するものだったならば、その表現行為は違法であり、最終的には公開は許されないものだったという判決が下されることだろう。しかし、そのときには「あとの祭り」になってしまう。先にも述べたように、表現の自由であっても、他人の人権を侵害する場合には制約を受けることがあるのだから、ここでは一歩譲って、事前に差し止められても仕方がないのではないかとも考えられよう。そこで、このように考えることができる。公権力が主体となるのではなく、一般の私人が主体となり、人格権を侵害されるとして、裁判所の手を借りて事前差し止めを求めるのだ。このような場合の裁判所による事前差し止めは、少なくとも検閲にはあたらないと考えられる。

ところで、冒頭の文章の××××には何が書かれていたのか、気になる。資料によれば、「股ぐらに口」だそうだ。とりたてて政治的な思想にかかわるものだとは思えない。おそらく、道徳的な観点から、いわば、わいせつにあたるとでもいった理由で伏せられたのだろう。ただ、執筆者の芥川龍之介が没してしまったいまとなっては、伏せ字を戻すことは不可能なので、本当のところは永久にわからない。誰の目にも触れずに貴重な著作が削られてしまった。これも検閲の大きな罪である。

3　表現の自由をめぐる現代の諸問題

❖メディア規制法とは

ここでいうメディア規制法とは、まずは二〇〇三年関連四法案とともに成立した「個人情報保護法」、「人権擁護法案」、「『青少年保護』関連二法案」の、いわゆる「メディア規制三法」をさす。これらに加え、有事の際の「指定公共機関」としてマスメディアの政府への協力を義務づけることを内容とするという意味での有事関連法や、裁判員制度の導入に伴うマスメディアによる取材を制限することが盛り込まれている司法改革上の法改正なども、広い意味でのメディア規制法といえるだろう。

❖個人情報保護法

個人情報保護法は、急速に展開しつつあるＩＴ時代に備え、データ化された個人情報が悪用されないようにという趣旨に基づいて整備が始められたものだ。プライバシー保護の意識が高まるなかで、通信業界をはじめとする企業の顧客情報の漏洩や、公共団体、官公庁による住民票データ等個人情報の流出があいついだということも背景にある。たとえば、防衛庁情報公開要求者リストに関する事件もその例だ。そういった意味では、メディア規制とは直接関係のないところに端を発しているのだが、実際には、マスメディア規制法の色彩の強いものとなっている。

この法律は、「個人情報取扱業者」に対し、個人情報の目的外使用や本人の承諾を得ない第三者への譲渡などを禁ずるとともに、個人情報取得の方法についての規制、本人から求めがあった際の個人情報の開示、訂正、利用停止等を規定している。もしかりに、個人情報取扱業者としてこれらの規定がマスメディアに適用された場合、たとえば政治家等の取材対象への踏み込んだ取材活動が抑制されるだろうし、なによりも、取材相手である本人に都合の悪い事実が「開示」された後、「訂正」・「利用停止」を求められ、結局本人にとって都合の悪い事実は報道されないでおかれる、ということが危惧されるのである。

こういったことが考慮されてか、報道機関が報道の目的で個人情報を扱うことは規制の適用除外とされている。また、著述を業として行う者も規制対象外とされている。しかし、報道について、個人情報保護法は「不特定かつ多数の者に対して客観的事実を事実として知らせること（これに基づいて意見又は見解を述べることを含む）」と定義しているが、これに基づいて主務大臣がケースに応じて何が「報道」か判断できる余地があり、また、「著作を業として行う」とみなされる基準も不明確であるなど、法の適用除外を受けるべきマスメディアの範囲の線引きが主務大臣という公権力の側に委ねられることになっており、依然としてメディアに対する不当な規制の根拠法となるのではないかという懸念は拭えない。「スキャンダル政治家保護法」であるなどと批判されるのは、そのことを指摘されてのことだ。

以上の点に加え、行政機関の個人情報取り扱いについては必ずしも適切な規制がなされていないことの不十分さ、このことと改正住民基本台帳法上の問題が結びついて、個人情報の漏洩、不正利用の危険性等は残ると指摘する声もある。

❖人権擁護法案

人権擁護法案とは、「人が生まれながらにして持っている権利としての人権を護るため、人権侵害に関する相談に乗ったり、加害者に人権侵害をやめさせ、あるいは被害の回復を得られるよう人権侵害の被害者を援助する仕組みとしての人権救済手続を整備すること、その担い手として独立行政委員会としての人権委員会を中心とする人権擁護のための組織体制を整備することなどを目的とする法案」（法務省人権擁護局ホームページ「人権擁護法案に関するQ＆A」http://www.moj.go.jp/［最終アクセス日：二〇一〇年一二月二三日］より）であるとされている。

この法案は、児童虐待やDVをはじめとする弱者に対する暴力や抑圧、部落差別等さまざまな差別などによって、被害者が泣き寝入りさせられることなく、迅速で適切な救済を受け、人権を回復する必要が強く求められるようになったという認識に基づいている。

法案検討にあたった人権擁護推進審議会においては、人権を侵害しているとみられる出版物（具体的には、『部落地名総鑑』があげられている）やマスメディアによる報道被害などへの危惧が強く訴えられていた。そのような報道被害の例としては、一九九八年に和歌山市で起きた毒物カレー事件や一九九七年の東京の電力会社の女性社員が殺害された事件などにおいて、被害その他の関係者に対する「行き過ぎた」報道や、いわゆるメディアスクラム（多数のメディアが取材のためと称して一か所に殺到すること）による被害などがある。

以上からして、この法案は、出版物による差別表現、プライバシー侵害・名誉毀損やマスメディアの報道被害を人権擁護の対象として強く意識しており、この意味で、メディア規制法に含められることになる。

この法案は、二〇〇三年一〇月の衆議院解散により廃案となったが、以後、政府・与党の内で引き続き検討は行われている（二〇〇九年政権交代以降の民主党でも、名称は微妙に異なるが、同様の法案が検討されている）。その間、報道機関に対する規制を一部削除し、自主規制に委ねる等のメディアに対する配慮の姿勢が盛り込まれ、メディア規制法の性格はやや弱まったといえるかもしれない。最近では、インターネットをとおした人権侵害が重大になったとの理解のうえで、これも含めた様々な表現活動が同法案の対象として考えられている。「人権侵害」や「差別」を対象とするこのような法案は、かなりの部分、「主観」や「常識」に依存するもので、萎縮効果の危険を高める。自由主義を基調とする日本において、多くの検討すべき点を抱えた法案だといえる。

❖「青少年保護」関連二法案

「『青少年保護』関連二法案とは、二〇〇三年一二月現在、自民党の「青少年の健全育成に関する小委員会」により、青少年を有害環境から保護することを目的として議員立法による成立が意図されているもので、「青少年健全育成基本法案」と「青少年有害環境自主規制法案」からなる。

法案の制定の動機として、自民党では、悪化・複雑化している青少年問題という認識のもと、これまで制定されている自治体の条例や地域住民の活動だけでは改善が追いつかないということが述べられており、実際、これらの法案は、全国各地方自治体で制定・改定されてきた「青少年健全育成条例」を総括し、強化するという性格をもたされている。

そのようなものとして、まず、「青少年健全育成基本法案」は、満一八歳未満の青少年に対して、良好な社会環境の整備が図られるよう配慮すべきこと等を基本理念として、国、地方公共団体、保護者、国民および事業者の責務を明らかにしている。これに対応して、「青少年有害環境自主規制法案」は、一八歳未満の青少年を取り巻く有害社会環境の適正化・青少年の健全な育成のための事業者等による自主規制の基本事項を定めている（これらの二法案に先だって、「青少年有害社会環境対策基本法案」が、やはり自民党によって検討されていたが、二〇〇二年に国会提出が見送られている。しかし、新しいこの二法案は、その見送られた法案の内容をほとんど受け継いでいる）。

青少年の健全育成のために、法案には具体的に三つの施策があげられている。①政府主導の環境浄化運動の実施につき、事業者のみならず、国民全般が「協力する責務」を負うこと、②事業者・事業者団体による青少年有害社会環境の適正化、③任意の「民法法人その他の団体（協会）」を設立し、青少年有害社会環境に関する苦情処理を行うなど、①の環境浄化運動の中心的役割を果たさせること、である。

ここでメディア規制として特に問題であるとされるのは、主務大臣や都道府県知事による事業者の青少年への表現物供給に対する「緩やかな」介入だ。これは、主務大臣等による指針設定、これに基づく事業者の自主的な基準の設定、それを遵守することについての主務大臣等の助言、指導その他必要な措置からなる。このような介入に対して、「青少年を取り巻く有害社会環境」を行政当局の恣意的な判断に委ねていること、行政が事業者等の協定・規約の締結・設定、協会の設立に介入するほか、事業者・協会の活動に助言・指導できるシステムのもとで、事業者等の自主規制が試されることが、憲法の禁止する検閲にあたるのではないかとの指摘、およびそのような状況で、青少年を含む国民一般の知る権利が制約されるのではないかなどの指摘がなされている。

このほか、この法案には、発展し、成長すべき権利主体としての子ども、知る権利の主体としての子どもという視点が欠落しており、子どもをもっぱら保護の客体として位置づけ、それを政府の価値観のもとで主導することが問題であると指摘する声もある（子どもの権利条約一七条「第一三条及び次条の規定に留意して、児童の福祉に有害な情報及び資料から児童を保護するための適当な指針を発展させることを奨励する」、一三条一項「子どもは、表現の自由についての権利を有する。この権利には、口頭、手書き若しくは印刷、芸術の形態又は自ら選択する他の方法により、国境とのかかわりなく、あらゆる種類の情報及び考えを求め、受け及び伝える自由を含む」参照)。

❖ミルトン、ミルとメディア規制

メディア規制三法は、それぞれ表現の自由の規制を直接の目的とせず、それ自体はある意味もっともな理由に基づいて構想されているが、これらの法・法案に対する批判は、おおむね共通して、「衣の下に隠された鎧の存在」を指摘している。これら法案の背後には、政府の一定の方向に向けた隠された意図があるというのだ。その疑いは、確かに拭えないが、そのことは別としても、現在なされ、もしくはなされようとしている一連の規制は、表現の自由の価値をかけがえのないものと考え、これを踏まえて打ち立てられてきた数々の憲法理論に正面から刃向かうものであることは間違いない。

たとえば、そのような憲法理論は、表現の自由の規制に対する違憲審査基準についてのものが多いが、先にみたように、それぞれの法ないし法案に対する問題点の指摘や批判は、検閲の禁止、知る権利の保障、表現内容中立規制に対する表現内容規制の審査の相対的厳格性の要求等に反するとの疑いをいうものだ。

これらの憲法理論の基礎には、ミルトン、ミルのいわゆる「思想(言論)の自由市場論」が大きな位置を占めていると思われる。

「失楽園」で有名な詩人、ミルトンは、「子供扱い」されない、理性にしたがって行動する個人の選択が尊重されるべきとした。そのうえで、検閲や禁止のない、自由な公開の勝負において真理と虚偽とを組み打ちさせよという。そして、真理によっての論駁こそ、最善の最も確実な禁圧であるという。要するに、公開の場に、まずはあらゆる言論・表現をさらせ、ということだ。そして、事前に国家や公権力が、何が真理か、何が不適切な表現かを判断して公開の場に出さないことは不当だというのだ。特にミルトンの主張では、主として公権力に対しての言論の自由市場確保が訴えられていると思われるが、メディア規制は、国家による、先入観に基づいた、表現内容に対する事前の規制という意味で、そしてそのようにすることによって国民の知る権利（公開の場に引き出してもらう権利）を制約しているという意味で、ミルトンの訴えを無視したものであるといえるだろう。

ただ、ミルトンは、選択が保障される主体として「成人」と明記しており、また、これは子ども扱いされないことを内容としているから、ミルトンの説は、まさに「子ども」を主体とした青少年保護関連法案では通用しないと思われるかもしれない。ただ、子どもの選択権をないがしろにすべきではないという意見をおくとしても、子どもに代わって選択をすべき第一の責任者を負う保護者が、国家によってあらかじめ用意された枠の中ではなく、公開の場で開かれた選択肢の中から、自らの子どもにとって何が有害かを選択することのできる、そのような自由市場が確保されなければならないとするなら、青少年保護関連法案に対しても、ミルトンの説をもって批判することができるだろう。

J・S・ミル（John Stuart Mill）は、社会の多数派による言論の自由市場侵害への危惧とそれらに対する自由の理念を語った。ミルでは、「世論に対する個人の思想と言論の自由」、「少数者の権利」がキーワードとなる。

ミルは、国家とか公権力以上に、社会もしくは多数者の暴虐（tyranny of the majority）が、最も警戒されるべきという。これは、社会や多数者による圧制には刑罰や制度的な強制の裏づけはないが、はるかに深く生活の細部にまで浸透し、霊魂そのものを奴隷化するものであって、これを逃れる方法はむしろ、より少なくなるとされる。だから、多数者の意見と「感情」の暴虐に対しても保護が必要だという（J・S・ミル『自由論』）。

さらに、ミルは、個性を破砕することは、どのような名称でそれが正当化され、またたとえ、それが神の意思による強制だとしようが、それは専制政治と変わらないという。

このミルの説を踏まえて上述のメディア規制を考えてみよう。そのメディア規制は、政府主導で法整備が進められようとしているという面があるかたわらで、一般国民の同情、危機意識、不安等、感情的・衝動的対応がそのような政府の動きを支え、促進しているように思われる。このような状況を称して、「監視国家」ないし「監視政府」ではなく、「監視社会」への動向であるという指摘がある。つまり、国民に対する監視を強化して権力による国民の統制を強めようという国家の側の意図に基づいてのみ、監視が強化されていくのではなく、市民や社会の側からも、そういった監視への要請があって、それが強化されていく、という社会への動向があるというのだ。そして、そのような市民や社会の要請は、まさしく今回のメディア規制の動機を支えている、増加する凶悪犯罪ないし少年犯罪への不安、テロなどを含む外敵からの脅威への不安、個人情報侵害の不安なのだ。そして、これらは必ずしも客観的なものではなく、漠然としたものだ。この漠然としたものだということだけで、言論の自由市場で淘汰される必要があるが、そこに持ち込まれること自体が、まさに多数者（世論）によって封じられるならば、わが国はミル以前の時代にあるといえる。

また、今回の規制では自主規制という手法が目立つ。これは、見方によっては多数者の意見をチラつかせ、それに従順に従えということだ。そして、その背後には、公権力の意図がある。この自主規制や第三者機関を利用するなど、公権力が直接規制の表舞台に立たないというパターンは最近よくあるように思う。結局、この状況は、ミルトン以前の時代にさかのぼることになる。

特にわが国においては、行政指導という統制手段があり、今回もこれが活用されるようだ。これを活用しようとする側は当然問題だとしても、このような手法を支える、私たち国民の側にも問題はある。さまざまな問題を自らの側で解決する努力を怠り、手っ取り早く「お上」である公権力に頼ろうという姿勢が、依然として残っているということだろう。

なお、今回の規制にみられる強者（巨大マスメディア）に対する弱者（報道被害者）の保護、有害図書から保護されるべき弱者たる青少年という図式は、表現の自由の局面に、社会権保障や経済的自由規制の考え方を持ち込もうとする発想のようにみえる。今後この点も慎重に検討する必要がありそうだ。

4　情報公開法

❖情報公開法とは

情報公開法は、広い意味では地方公共団体におかれる情報公開条例も含む、情報公開に関する法制度一般をさす。狭い意味では、一九九九年五月に制定され、二〇〇一年四月一日をもって施行された「行政機関の保有する情報の公開に関する法律」を中心とした国の情報公開法（ここには、二〇〇一年一二月に制定され、二〇〇二年一〇月一日をもって施行された「独立行政法人等の保有する情報の公開に関する法律」も含まれる）をいう。

そして、それらの法で規定される「情報公開」とは何をさすかであるが、たとえば、企業などの財務情報、製品情報などについての一般消費者への公開も、情報公開という言葉で語られる。しかし、この場合は、公権力ないし行政が相手方ではなく、私的関係での話なので、ここでは含めない。あくまでも、行政によるものをさす。また、行政によるものであっても、自発的情報提供や広報など、行政の裁量的判断に公開が委ねられているものは、厳密な意味での情報公開とはいえない。公開が拒否された場合に実効的な救済手段がなくてはならない。

また、厳密な意味での情報公開のなかにも、公開請求を前提とするものと、そうでないものがある。公開請求を前提とするものは「公開請求による情報公開」、請求がなくとも情報公開を義務づけられるものは「義務的情報公開」と呼ばれ、たとえば、アメリカなどでは、一定の政府保有情報を公示、記録することや閲覧可能な状態にすることが義務づけられているそうで、これは後者の例だといえる。なお、日本においては後者の義務的情報公開の制度は設けられていない。

さらに、情報公開には、広く国民や住民に対して公開を求める権利を保障し、請求した者が誰であれ、その者に基本的に公開されるものとは別に、個人情報の主体である本人の請求に基づき、その本人にのみ、情報公開がなされる「個人情報本人開示制度」がある。この場合、前者が情報「公開」であり、後者は「公開」ではなく、「開示」である、として区別される。

❖情報公開法の歴史

情報公開制度が最も早く導入されたのは、スウェーデンであることはよく知られている。スウェーデンでは、一七六六年以来、出版の自由に関する法の制定と関連して、検閲の禁止、公文書の配布の自由の宣言がなされ、これにあわせて公文書の公開制度が導入された。

その後、諸外国に情報公開の波は及んだが、たとえば、アメリカでは、第二次大戦期の政府の秘密主義に対して、国民の知る権利のために取材・報道するジャーナリストの、政府の情報へのアクセス権という文脈で展開された。ドイツでは、環境情報法以外、網羅的な情報公開法を統一的におくことはしていないが、基本法五条の「一般的に近づきうる情報源から知ることを妨げられない権利」の理念を基礎に、各州はプレス（報道機関）が国民のための特別の任務を負うと定めている。この任務を果たすため、プレスには行政に対する情報請求権が認められ、これによって、実質、国民への情報公開が担保されている。

❖わが国の情報公開制度

天皇主権の戦前の日本では、国民は天皇の臣民であり、行政も天皇のために行われるものであり、その恩恵を国民が受けたとしても、それはたまたまのことであると考えられていたから、国民に対する情報公開という観念が成立する余地はなかった。つまり、行政をコントロールすべき主権者でもないし、行政によってもたらされる利益・不利益も恩恵的なものであるから、それを知る理由もないというわけだ。このような考え方のもと、明治憲法下では、多くの機密立法が存在していた。とくに際だつのは、軍事機密についての法制の厳しさだろう（刑法八五条［一九〇七年成立］「敵国ノ為メニ間牒ヲ為シ又ハ敵国ノ間牒ヲ帯助シタル者ハ死刑又ハ無期若クハ五年以上ノ懲役ニ処ス」、「軍事上ノ機密ヲ敵国ニ漏泄シタル者亦同シ」、軍機保護法［一九三七年改正］、軍用資源秘密保護法［一九三九年］、国防保安法［一九四一年］などがある）。

戦後、日本国憲法が国民主権を宣言し、表現の自由などの基本的人権の保障を規定した。公的事柄についての表現の自由の重要性は、国民主権の原理のもと、今さら強調する必要もない（本章1「表現の自由の意義と価値」参照。また、前出「北方ジャーナル事件」参照）。そうなれば、主権者たる国民、知る権利の主体たる国民が、自らの下にあり、また、自らの利益のために職務を行うはずの行政の保有する情報を公開させることができるのは当然のはずだった。

しかし、憲法上の情報公開請求権を認めることはもとより、情報公開についての法律を制定することは、なかなか認められなかった。

このような状況のもと、地方公共団体では比較的早くから、情報公開制度が取り入れられた。一九八二年三月一九日に山形県最上郡金山町が、金山町公文書公開条例を制定したのが皮切りだった。その後、都道府県レベルでは、神奈川県が同年一〇月一四日に初めて公文書公開条例を制定した。続いて埼玉県、東京都、大阪府と広がり、現在ではすべての都道府県が情報公開条例をおくにいたっている。情報公開制度は、少なくとも地方公共団体のレベルでは確立しているといえる。

これに比較して、国における情報公開法制定の動きは鈍かった。ただ政府も、情報公開を求める国民の声の高まりや、世界的な情報公開の潮流のなかで、情報公開に対する要請を無視することはできず、重い腰を上げざるをえなくなった。折からの行政改革の流れにも乗り、情報公開法制の検討が進められ、一九九八年に情報公開法案が国家に提出され、ようやく翌一九九九年に成立した。さらに、この際保留されていた独立行政法人についての情報公開も、遅れて二〇〇二年に施行されることになる。

❖情報公開法の内容

情報公開法の内容について、重要と思われる部分に限って、簡単に触れる。

①公開の義務と例外的に非公開とされる事項

国民から行政文書の開示請求が書面（開示請求書）を通じて提出された場合、行政機関の長は請求者に対して当該文書を開示しなければならない（三条）。個人に関する情報や個人の権利利益を侵害する情報は原則として公開されないが、個人情報であっても人の生命、健康、生活または財産を保護するために公にする必要があると認められる情報、あるいは公務員の職務執行に係る部分は公開される。また、国家の安全や外交、犯罪の予防、捜査、審議条項、監査、検査、契約、交渉、調査研究、人事、事業経営等の妨げとなるような情報も非公開とされる（五条。ただし、不開示情報の部分だけを除いて開示することができる場合には、原則として部分開示をしなければならない［六条］）。なお、行政側は、開示請求に対して当該行政文書が存在しているかを答えるだけで不開示情報を開示することになるときは、開示請求を拒否することもできる（八条）とされている。

②開示の決定と通知

請求のあった情報を公開することになった場合には、請求者に対して行政は公開の実施等について通知しなければならないが、開示しないことになったときには、書面の通知が必要となる（九条一項・二項）。開示するかどうかの決定は請求のあった日から原則三〇日（正当な理由のあるときは理由を書面で通知し、さらに三〇日の最長六〇日）以内にしなければならない（一〇条。例外として一一条）。

③救済措置

開示の決定について不服があり、行政不服審査法に基づく不服申し立てがなされたときは、これを審査する行政機関の長は情報公開審査会に諮問しなければならない（一八条）。情報公開審査会は両議院の同意を得て内閣総理大臣の任命する任期三年（再選可）の九人の委員からなる（二一～二四条）。審査会は、会の指名する委員三人（特別の定めがあれば全員）により合議体を構成し、不服申し立てについて調査審議する。審査会は必要があれば諮問を求めた行政機関の長に対し、開示決定に関する行政文書の開示を求めることができ、長はこれを拒むことはできない。提示された行政文書自体は他に開示されることはない。また、審査会は諮問を求めた行政機関の長、不服申し立て人、参加人それぞれに対して意見書や資料の提出を求め、事実を陳述させたり、鑑定を求めることその他必要な調査を行うことができる（二七～三〇条）。審査会は諮問に対する答申をしたときは、答申書の写しを不服申し立て人および参加人に送付し、同時に答申の内容を公開する（三四条）。

なお、審査会の調査審議は非公開で行われ、審査会または委員がした処分についてさらに争う場合は、取消訴訟で争わなければならないが、この訴訟を提起できるのは、高裁所在地にある地方裁判所だけである（三六条）。

❖日本の情報公開制度の問題点——知る権利との関係

以上みてきたように、わが国でもようやく情報公開法が制定された。しかし、すでにいくつかの問題点が指摘されている。たとえば、公開の例外事由が広すぎて恣意的な運用の危険性があるのではないかということ、手数料が情報公開請求の障害となりはしないかということ、救済手続きの面で、訴訟の管轄が高裁所在地に限定されているゆえに地方在住者に不便であることなどである。
このほかに、目的規定に国民の「知る権利」が明記されていないことの問題が、強く指摘されている。

そもそも知る権利は、憲法二一条の解釈から導かれる憲法上の権利として、学説・判例でおおむね認知されているといってよい。ただし、その知る権利といっても、さまざまな局面で主張され、微妙に異なって用いられることが多いようだ。たとえば、有害図書の規制にあたって主張される青少年の知る権利という場合、これは公権力から、図書を読むことを妨げられない権利として考えられている。これに対して、たとえばマスコミが、取材の際に知る権利をいう場合、もう少し複雑で、対象に対しては、取材に対応するように請求する権利が考えられているし、そのような取材を公権力によって邪魔されない権利も考えられている。さらに、今回のテーマである情報公開というなかで主張される知る権利は、行政に対して必要な情報を提供するよう、求める権利が考えられることになる。

ここではとりあえず、有害図書の場合を情報受領権、取材の場合と情報公開の場合を情報収集権ということにする。そしてまた、公権力によって妨げられないという消極的意味での情報収集権と、公権力に対して情報の提供を求めるという積極的意味での情報収集権を分けなければならないだろう。情報公開では、つまり、積極的意味での情報収集権としての、いいかえれば請求権としての知る権利が問題となる。ここでの知る権利が請求権であるということが、情報公開請求権を憲法から直接導くことをむずかしくしている。他の例（たとえば生存権）をみてわかるように、請求権は、ほとんどの場合、それを行使するための前提、手続きなどを規定した法律を必要とするからだ。

さらに、憲法上、国会や裁判所についてはその公開性が規定されている（憲法五七条・八二条）が、行政についてはそのような規定はない。このことは、憲法が行政の情報公開を不要だと考えたということを当然示すものではないが、少なくとも、行政という作用の特質がある程度考慮されたものだと思われる。場合によっては、公開されない方がよい情報を行政が保有している可能性を想定したものと考えられる。そうすると、公開・非公開の判断には、ある程度の国の裁量が認められざるをえないということになり、この意味からも、憲法上当然に国民の知る権利の行使として情報公開請求権を位置づけることはむずかしい、ということになる。

しかし、いったん情報公開法を定めたうえは、これは本来憲法上の知る権利の要請（および国民主権原理）から定められたものだから、知る権利に対応するものだということを目的ないし理念として明記し、そして、その権利を保障するという指針に反しないように運用されていくことが求められる。このことは、例外規定の決定の際に反映されるだろう。

このように解することの意味は、まず、知る権利あっての情報公開法であるという理解ができる、ということにある。こう理解すれば、たとえば、公権力が公開事項について裁量判断をすることはある程度は避けられないとしても、そこには常に、人権という限界があるということが意味をもつだろうし、なにより、情報公開拒否に対して人権侵害の主張が可能であれば、裁判所による審査も、人権侵害という観点から、より厳格な態度でなされる可能性が広がる。

なお、情報公開が、まずもって存在する人権の保障の具体化であると考えることは、公権力の保有する情報が人権をないがしろにする方向で運用されてはならないことも意味する。さらに、憲法の平和主義が人権の保障と表裏をなすものであるとすれば、憲法の平和主義に反してまで、ことさら軍事機密（いわゆる防衛秘密）を保護することの根拠はないだろう。とくに戦争と人権侵害の関係について、莫大な授業料を払って学んでつくられた私たちの憲法のもとでは、なおさら、そうだろう。

TOPIC 思想の自由市場と「言論」弱者の権利

表現の自由の保障あり方を支える基本理論として、「思想の自由市場論」が大きな位置を占めていることは、本文で述べたところを読んでもらえれば、わかると思う。すでに一七世紀のミルトンや一九世紀のミルの思想にその発想を見ることができたが、「市場」という言葉を用いてこの理論に明示的にふれたのは、アメリカの連邦最高裁のホームズ裁判官だった。この裁判官は、一九一九年の裁判において、「真理の最良の判定基準は、市場における競争の中で、自らを容認させる力をもっているか否かである」と述べた。

ところで、「市場」とは、本来経済の概念である。そして、「自由市場」という概念も、「神のみえざる手」に委ねることで、経済的に社会にとって最大の利益が得られるものとした、アダム・スミスの名とあわせて、経済学の基本的立場の一つとして有名である。しかし、このような経済の発想は、二〇世紀の独占資本の登場と貧富の差の拡大によって、現実には必ずしも社会を幸福にしないと考えられるようになる。そこで登場するのが、社会権で、社会・経済的弱者の権利であり、国家による積極的な市場への介入を必要とするものだった。社会権の保障は、現代においては、いわば常識となった。

一方、現在、思想や言論の世界にも「弱者」はいる。マスメディアやこれを自在に活用できる立場の者は、情報の独占者であり、「言論強者」である。この対極にある者が、現代の「言論弱者」である。経済で「常識」となった弱者の権利は、思想や言論の自由市場でも唱えられることになる。例えば、アクセス権がそれである。しかし、経済の世界では問題のない国家による介入の権利も、こと、思想や言論の世界では同じように簡単に「常識」化するわけにはいかない。答えは本文中にある。

もう一つ、つけ加えるならば、今やネットの時代であり、個人で開くホームページを始め、手軽なブログ、はてはツイッター等、個人が公衆に向け大量に情報を伝達できる環境がつくられてきている。果たして、このような状況で、言論弱者は存在するのか。いるとしたら、誰で、どのような点で弱者になるのだろうか。

（真鶴　俊喜）

第8章　経済的自由

1　経済的自由の保障のあり方

❖経済的自由の歴史的沿革と保障のあり方

人々の人権を守るために憲法を制定して国家権力を縛ろうとする近代の立憲主義の考え方は、一七，一八世紀のヨーロッパで起きた市民革命をとおして成立した人権宣言で具体化されていった。ここでは、財産権（所有権）は人権の中核をしめるものと解され、それらを中心とする経済的自由権の絶対的な保障が求められた。フランス人権宣言の一七条が「財産権は、神聖で不可侵の権利である」との規定がその例である。経済的自由がそのように神聖不可侵とされたのは、市民革命の中心的な推進者であった近代市民階級（ブルジョアジー）の関心が、それまでの封建的な支配関係や絶対王政の権力的介入による束縛から脱して、自由な経済活動を保障されることにあったからである。思想的には、ロックが「プロパティ（Property）」として生命や身体の自由と並んで所有権を人間固有の自然権＝人権と位置づけたことが、その根拠となっている。ロックは、個人の生存のために必要なものであること、また、自らの労働をとおして直接に獲得したものであることをもって、私有財産に対する個人の所有権をそのように位置づけた。

しかしその後、資本主義の発達にともなって資本の集中が進み、「持てる者」と「持てない者」の格差が生じるようになると、社会的に「持てない者」の地位にある人々、とりわけ労働者や農民などから従来の所有権の保障のあり方に強い不満が唱えられるようになる。このような状況においては、所有権保障の絶対化を裏付けていたロックの論拠は当てはまらなくなってくる。つまり、資本家と労働者の峻別が進んでしまうと、資本家については、自分の労働で直接得た財産の所有という理屈は成り立たないし、また、自らの生存にとって不可欠、という正当化もできなくなるからである。一方、労働者の側にあっては、自らの生存に必要な所有すら保障されないということになってくる。

そこで、所有権を中心とする経済的自由の保障のあり方に対して新たな見方が求められるようになる。資本主義の発達にともなって生じた競争社会の中で困窮する経済的・社会的弱者の生存を確保するために、経済的自由に積極的な制限を加えることが要求されるという見方である。これは、「持てない者」である経済的弱者の地位を保障しようとする社会権の保障と表裏の関係に立つ。一九一九年のワイマール憲法の一五三条は、「所有権は義務を伴う。その行使は、同時に公共の福祉に役立つべきである。」としているが、この規定はそのような見方を明らかにしたものだ。第二次世界大戦後の世界の多くの憲法も、そして日本国憲法も同様の立場に立っている。自らに社会権の保障規定をおいて社会国家・福祉国家的原理を導入し、そして、そのような社会権の実現をはかるため、経済的自由を社会的に拘束されたものと考え、自由な経済活動や自由競争に対する必要な介入＝積極的規制を認めているのである。

❖経済的自由と二重の基準論

経済的自由の以上のような保障のあり方は、人権規制立法に対する違憲審査基準であるいわゆる二重の基準論につながる。この理論は、精神的自由の規制立法の審査では厳格な基準が適用されなければならないのに対し、経済的自由の規制立法の審査ではそれに比べて緩やかな基準（一般に合理性の基準と呼ばれる）が用いられうるとするものだ。最高裁（「小売市場許可制判決」最大判一九七二年一一月二二日、「薬事法判決」最大判一九七五年四月三〇日）は、経済活動の自由については精神的自由に比べて公権力による規制の要請が強いとしているので、その理論を認めていると考えてよいだろう。

しかし、一方で、次のような指摘も学説の多くでなされている。たとえば、職業選択の自由が経済的自由として保障されるといっても、もっぱら金銭的・物質的な自由として考えればいいというものではなく、個人の生き方に関わる人格的な要素も持っているということも無視できないのであり、これが制限されるときには、一概に経済的自由としてゆるやかな基準が用いられるとすることはできず、異なった違憲審査基準が考慮されるべきであるといった見解である。この見解は、注目に値する。

2 職業選択の自由

❖職業選択の自由の意義と内容

憲法二二条一項の「職業選択の自由」を文字どおり読めば、自分が従事する職業を決定する自由の保障となる。けれども、選択が自由であるだけではあまり意味がないので、そこには、選択した職業を遂行する自由の保障も当然に含まれていると解してよい。

判例は、ここで保障される「職業」を、「人が自己の生活を維持するためにする継続的活動であるとともに、分業社会においては、これを通じて社会の存続と発展に寄与する社会的機能分担の活動たる性質を有し、各人が自己の持つ個性を全うすべき場として、個人の人格的価値とも不可分の関連を有するもの」とする。(前出「薬事法判決」)これに関連して、学説は、職業が人にとって自由でなければならない理由として、自己の生計を維持するための活動であるという経済的価値の側面のほか、職業の持つ人格的価値や精神的価値の側面を挙げている。また、経済的価値の側面については、自己の生計維持に必要な糧の獲得のための活動と、それを越えた営利の追求のための活動という二つのレベルが含まれる。

職業選択の自由には、自己の計算に基づく自主的な活動、つまり、自営業や事業主ないし経営者としておこなう自由と、他者に雇われておこなう被用者としての自由が考えられる。両者ともに生計のためのものと営利追求のためのものがあり得る。被用者としての職業選択の自由（就職、在職の自由）が経営者の営業の自由（廃業の自由）と対立しうるから、両者を同じ規定に根拠づけるべきではなく、被用者の自由を二七条の勤労の権利に根拠づけるべきとする見解もあるが、営利追求のために被用者として働く場合もあり、それゆえ経済活動の自由として制約されるべき場合もあり得るので、二七条に根拠づけるのは都合が悪い。やはり、被用者の職業の自由も基本的には二二条一項で保障されるものとするべきである。

一方、他の学説では、営業の自由を人権として保障すれば独占企業の独占の自由が憲法上保障されることになるが、このようなことは独占排除の原理として営業の自由が追求されてきた歴史的経緯に反するとして、人権として保障することを否定するものもある。このような見解に対して、最高裁は営業の自由が憲法二二条一項で保障される人権であることを明らかにしている（先述「小売市場許可制判決」）。なお、最高裁と通説は、営業の自由の憲法上の根拠規定を二二条一項としているが、これに対して、営業の自由の開業、営業の継続、廃業の自由の面は二二条一項で保障され、業務の運営は財産権の行使の性質をもつから二九条で保障されるとする説も最近は有力である。

❖職業選択の自由の制限

憲法二二条一項が「公共の福祉に反しない限り」という限定付きで職業選択の自由の保障を規定していることと結びつけて、一般に、「職業は性質上、社会的相互関連性が大きいので、無制限な職業活動を許すと、社会生活に不可欠な公共の安全と秩序の維持を脅かす事態が生じるおそれが大きい」（芦部）ので、公権力による規制の要請が強いとされる。しかし、内心の自由でない限り、外面的行為を保障する他のほとんどの人権は社会的性格を有している（だから、内在的制約があり得るのである）。職業選択の自由について、そのような説明をして制限の可能性を格別強調する必要はないと思われる。最高裁は、職業が「分業社会」における「社会の存続と発展に寄与する社会的機能分担の活動たる性質」をもつとしているが、こういった意味の社会的性格と、経済的・社会的弱者の地位確保のために調整の対象となるという社会的性格をもつ自由であるから、とりわけ広く制限を受けうる、ということであろう。

(1)　規制の類型

職業選択の自由の規制には、その国家・社会における意義と管理の必要性の観点などから、いくつかの類型がある。まず、当該職業の開始・遂行を認めながら、法の規定に反する場合に一定の義務や処罰を科す事後の規制と、職業の開始時に規制を課す事前の規制がある。この事前の規制は、参入規制ということができる。

参入規制には、以下のような類型がある。①届出制―職業活動の開始そのものを抑制するわけではないが、職業活動の実態を把握し、その活動によって何らかの害悪が生じたときに迅速・適切に対応するためにとられる規制（例：性風俗関連特殊営業、旅行業、理・美容業）。②許可制―本来自由な活動に属する職業活動について、それを放任すると害悪を生ずるおそれがあるため、まず、一般的に禁止し、一定の要件を満たすものに対して個別的に禁止を解除する制度。ここには、個人の資質や技能、識見についての試験を課してそれに合格したものに対して当該の活動を認める資格制も含まれる（例：医師、歯科医師、薬剤師、弁護士、司法書士、公認会計士、薬局、飲食店、古物商、質屋、旅館業、貸金業、建設業、風俗営業）。③特許制―本来国家が独占すべき事業を一定の能力や施設を有するものに行わせるもの（例：電気事業、ガス事業、上水道事業、鉄道事業、バス事業、電気通信事業、放送事業）。④国家独占制―安価・公平な特殊役務を提供するため、国家収入の確保のため等の目的から、私人が業として行うことを禁止するもの（例：貨幣の鋳造、かつての郵便事業やタバコ・塩の専売、公営ギャンブル）。⑤全面禁止―当該職業の性質自体が社会的害悪をもたらすため、それを行わせないとするもの（例：売春、かつての有料職業紹介業）。

これらの各規制類型では職業選択の自由に対する制約の程度が異なるが、そのことに着目して、特に厳しい参入規制になるもの（たとえば、許可制）で当該個人の能力に関係なく制限されるものなどについては、裁判所の違憲審査の際には厳格な審査が求められるとする見解もある。少なくとも、規制手段の「必要最小限」が問題になる場合には、どの類型が規制手段としてとられていたかが問題となり、その意味で、規制類型とその性質の把握は大切である。

(2) 消極目的規制と積極目的規制——規制目的二分論

最高裁は、職業の自由の規制が問題となった初期の判例では、職業の自由には当然「公共の福祉」に基づく広い規制を加えることができると考え、当該の規制立法の目的を示すだけで簡単に合憲性を認めていた。しかしその後、個人の経済活動に対する規制をその規制目的に応じて二つに分け、異なる審査基準を適用するものとした。

この転換点が、前出の「小売市場許可制判決」である。この判決において、最高裁は、個人の経済活動に対する法的規制を「社会公共の安全と秩序の維持の見地」からなされる消極目的規制と、「国民経済の健全な発達と国民生活の安定を期し、もって社会経済全体の均衡のとれた調和を図るため」の積極目的規制に分けた。そのうえで、後者の規制措置については、「立法府の政策的技術な裁量に委ねるほかなく、裁判所は、立法府の右裁量的判断を尊重するのを建前とし、ただ立法府がその裁量権を逸脱し、当該法的規制措置が著しく不合理であることの明白である場合に限って」違憲とすると判示した。また、その後の同じく先述した「薬事法判決」で、最高裁は上記の小売市場判決の規制目的二分論を前提に、薬局営業に対する許可規制は「国民の生命及び健康に対する危険の防止」という消極目的規制であるとしたうえで、このような規制の場合の審査基準を示した。

まず、規制目的については不良医薬品の供給防止という目的であって必要かつ合理的であるとして是認したが、距離制限という規制手段については違憲・無効とした。すなわち、不良医薬品の供給防止という目的は、薬局の業務執行に対する規制などより緩やかな規制によって十分達成できるので、「地域的制限を定めた薬事法六条二項・四項は、不良医薬品の供給の防止等のために必要かつ合理的な規制を定めたものということはできない」とするのである。

学説ではこのような判決の二分論を次のように整理した。消極目的規制（消極的・警察的規制）については「厳格な合理性の基準」（規制の必要性・合理性および「同じ目的を達成できる、よりゆるやかな規制手段」の有無を立法事実〔「単なる観念上の想定」に基づく規制の必要性ではなく、「確実な証拠に基づく判断」に基づく規制の必要性〕に基づいて審査するという方法）が、一方、積極目的規制（積極的・政策的規制）については「ゆるやかな合理性の基準」（立法の目的についてゆるやかに合理性を認定し、規制措置に関して、著しく不合理であるであることの明白な場合に限って違憲とするという「明白の原則」を用いる方法）が当てはまる。

ちなみに、公衆浴場の開設の距離制限に対する違憲審査では、最高裁は当初、「国民の保健及び環境衛生」の確保、つまり消極目的を規制の根拠としながら、立法事実に基づく審査も行わず、また、必要最小限度のよりゆるやかな規制手段の検討も行うことなく合憲としていたが（最大判一九五五年一月二六日）、後に同じ規制に対する判決で、この規制の目的を、「既存公衆浴場業者の経営の安定を図ることにより、自家風呂をもたない国民にとって必要不可欠な厚生施設である公衆浴場自体を確保しようとする」もの、すなわち積極目的であるとして、ゆるやかな合理性の基準をもって合憲とした。（最判一九八九年一月二〇日）現在の社会における公衆浴場やその利用者のおかれた状況を考えると、当該の規制目的は積極目的のものととらえざるをえないだろう。

(3) 規制二分論に対する疑問

その後、消極目的・積極目的のどちらに属するか微妙な事例が判例に登場してきた。「酒類販売業の許可制事件」（最判一九九二年一二月一五日）である。ここでは、「租税の適正かつ確実な賦課徴収を図るという国家の財政目的」が規制目的とされ、酒類販売業の許可制についてゆるやかな合理性の基準をもって審査して合憲とした。その規制目的は財政・租税政策に関するものであり、二分論のどちらの類型にも入れがたい。憲法には租税法律主義の規定や予算の議決を国会に委ねる規定があるから、広い意味では政策的な規制であるといってよいであろうが、二分論のいう積極目的の類型とは、その沿革や根拠規定、性質が異なる。このような判例も視野に入れて、学説では消極目的と積極目的の区分の相対性を指摘し、どちらにも属さない場合や中間的事例があることをあげ、違憲審査基準も必ずしもはっきりと二パターンに区別できないとする意見も多い。

積極目的規制の内容についても、小売市場判決が示した「国民経済の円満なる発展」や「社会経済の均衡のとれた調和的発展」は広すぎるという指摘がある。そこに個人の社会権保障から離れた現在の経済体制の「健全さ」や「発展」の確保のためといった内容が含まれるとすれば、やや、話が違ってくるというのだ。職業の自由を含む経済活動の自由が積極的規制を受けうるのは、歴史的沿革によれば経済的・社会的弱者の生存を保障する必要があったからであり、このことを踏まえて、憲法上、社会権が規定されているからであった。現在の経済体制の「健全さ」や「発展」の確保（経済施策）についてはその理由が当てはまらない。このような指摘からは、本来の積極目的ないし政策目的である経済的・社会的弱者の社会権確保（社会政策）と合理的関連性のない、単なる経済体制や市場の利益を目的とした規制は、社会権保障の反映としての積極目的規制とは別の根拠を必要とするし、社会政策による規制に対する違憲審査基準とは異なった（この指摘をする論者は、ゆるやかな審査では許されないとする）基準が用いられるべき、ということになる。

3　居住・移転の自由

❖居住・移転の自由の性格と制限

憲法二二条一項は「職業選択の自由」とともに「居住・移転の自由」を保障している。この自由は、自己の住所または居所を自由に定め、自由に移動することを内容とし、定住することだけでなく、一時的な移動すなわち旅行の自由も含む。

居住移転の自由が二二条にある理由は、その保障に至る経緯による。従来、人々は封建制の下で身分や土地に厳しく縛られており、その下では、職業の選択はもとより、居住移転も自由ではなかった。このような封建主義を打破して、資本主義を展開していくなかで、居住移転の自由と職業選択の自由は一緒に扱われてきたのである。

この意味で、居住移転の自由は歴史的にも、あるいは憲法上の規定の仕方という形式的な面でも、経済的自由に属することになるが、居住移転の自由には、人々が自由に動いてコミュニケーションを広めるという面があり、さらにそこに含まれる旅行の自由は、広く自然や人と接し、新しい出会いを通して、個人の人格形成に寄与するという意義ももつ。この意味で、人身の自由や精神的自由の側面も有している。そのような人権であるから、居住移転の自由は個人の生き方や価値観に密接に結びつく面も有し、その規制に当たっては、金銭の獲得や物質的な価値と不可分に結びついた他の経済的自由の場合とは違った慎重さが求められる（このような考慮からか、たとえばドイツやイタリアの憲法においては、居住・移転の自由を経済的自由とは別の箇所で規定するというやり方をとっている）。

そのような性格から、居住移転の自由については、人身の自由や精神的自由の側面に対する規制には精神的自由に近似した審査基準（内在的制約しか認めないなど）を、経済的自由の側面に対する規制には経済的自由に対して認められた審査基準を用いるべきだとされる。したがって、経済的性格をもつ居住移転の自由に対しては政策的規制もありうる。これにはたとえば、都市計画や公共事業による土地収用に伴う移転・移住の強制などがあげられる。これに対し、人身の自由や精神的自由的な性格をもつ居住移転の自由に対しては、政策的制約は許されず、また、その制限は必要最小限にとどめなければならない。これにあたる例として、夫婦の同居義務（民法七五二条）、未成年の子に対する親権者の居所指定権（民法八二一条）、刑事被告人の住居の制限（刑事訴訟法九五条）、伝染病患者の強制隔離（「伝染病予防法」七条）などがあげられる。夫婦の同居義務、未成年の子に対する親権者の居所指定権が内在的制約に基づくものといえるかどうか、やや疑問は残る。

❖海外渡航の自由

憲法は二二条二項に「何人も、外国に移住……する自由を侵されない」と規定して、外国に移住する自由の保障を規定している。この「移住」には、外国に永住することのみではなく、長期滞在や一時的な外国旅行も含まれると解されている。

海外渡航のためには出国の際に有効な外務省の発行する旅券（パスポート）の所持が義務づけられている（出入国管理及び難民認定法六〇条）。かたや旅券法には「外務大臣において、著しく且つ直接に日本国の利益又は公安を害する行為を行う虞があると認めるに足りる相当の理由がある者」に対して、外務大臣（または領事館）が旅券の発給を拒否できる旨の規定がある（一三条一項五号）。旅券は海外に渡航する者と旅券保持者の同一性を公に証明し、外国に対して保護を依頼するために政府が発行する身分証明書であり、一般には、一定の手続により問題なく発給される。しかし、この発給がなされなければ、実査には海外渡航は不可能となるので、海外渡航の許可の性質をもつ。

このような制限があるなか、一九五二年、モスクワで開かれた国際会議に出席するため一般旅券の発給を申請した国会議員に対し、外務大臣が旅券法一三条一項五号により旅券の発給を拒否したことが争われた。（「旅券発給拒否事件（帆足事件）」最判一九五八年九月一〇日）これについて最高裁は、憲法二二条二項で保障される「外国旅行の自由といえども無制限に許されるものではなく、公共の福祉のために合理的な制限に服するもの」であり、合憲であるとした。そのような旅券法の規定に対して、学説では、旅券法の規定は漠然かつ不明確な基準で行政庁の広範な裁量を認めるものであって、旅券法そのものを違憲無効とするものが多数だった。他に、旅券法の規定自体の合憲性を認めたうえで、この法律の趣旨を犯罪行為等の重大な法律違反の行為を行うおそれのある者に対してのみ、旅券の発給を拒否できるとした趣旨であるという限定解釈をすべきという意見もある。時期的な特殊性はあるにしろ、対外的な政策に関連した「国益」が影響を与えた判決であるとして、一般には批判が強い。「国益」に基づく行政裁量で重要な人権が制限されうるとする見解には、違和感を生ずる。

日本に在留する外国人については、出国は当然自由であるが、再入国は日本政府の判断に依存しており、この再入国が許されない場合には、日本に滞在している外国人の海外渡航（日本から出国する自由）が事実上、制限されることになりうる。判例では、在日朝鮮人の再入国の許可が争われた「在日朝鮮人祝賀団再入国許可申請事件」において、法務大臣の不許可処分にあたっての自由裁量性を否定して、日本の国益を害する虞のある者、または、国益を著しくかつ直接に害するおそれのある者についてのみ不許可処分をなしうるとされている（東京地判一九六八年一〇月一一日。控訴審の東京高判一九六八年一二月一八日も支持。ただし、最判一九七〇年一〇月一六日は訴えの利益喪失を理由に却下判決を下している）。一方、外国人登録法による指紋押捺を拒否したことを理由に再入国許可申請を不許可とした法務大臣の処分の取消と国家賠償を求めた「森川キャサリーン事件」では、最高裁は「我が国に在留する外国人は、憲法上、外国へ一時旅行する自由を保障されているものではない」としたうえで、国際人権規約B規約一二条四項の「自国」を国籍国と解して（国際人権規約は「何人も、自国に戻る権利を恣意的に奪われない」〔同規約一二条四項〕と定めている。この「自国」には、国籍国ばかりでなく、定住国も含まれると一般には解されている）。請求を棄却した原審の判決を支持した（最判一九九二年一一月一六日）。この判決からすれば、再入国の自由は、基本的には外国人には保障されず、日本政府の裁量判断に委ねられていることになるが、再入国の自由が居住移転の自由に含まれる海外渡航の自由に属し、精神的自由の側面を有しているのなら、外国人にも保障されるべきであろう。

4　財産権

❖財産権保障の意味

憲法二九条一項は「財産権は、これを侵してはならない」とし、財産権の保障を明らかにしている。財産権には、狭義の所有権のほか、物権、債権、無体財産権のような私法上の権利や、水利権、河川占有権などの公法上の権利など、財産価値を有する全ての権利が含まれる。このように財産権の不可侵性を明示しながら、その二項で「財産権の内容は、公共の福祉に適合するやうに、法律でこれを定める」と規定している。この点が二九条の財産権保障の意味をめぐる争いの原因となっている。

その中の立場の一つが、法律留保説である。この説は、公共の福祉という限定の下、法律によって財産権の内容が法律によって定められ、それが憲法上保障されるのだと考える。実際に、財産的価値を有する諸権利は、時代や社会の必要に応じて国家による政策判断を介して形成されるものであるから、それは現実的な理解かもしれない。しかし、この説によれば財産権の憲法上の人権としての意味がほとんどなくなってしまうことになる。このことを考慮して、通説は、二九条一項に重点をおいて理解し、二九条は、個人が現に有する具体的な財産上の権利を保障する（個人の主観的権利としての側面）とともに、個人が財産権を享有できる法制度、すなわち私有財産制を保障しており（制度の保障の側面）、これらは法律によっても侵すことができないものとしていると考える。

なお、私有財産制の保障は、わが国が資本主義体制をとることの憲法上の宣言でもあり、社会主義体制に移行するためには憲法の改正を必要とするというのが通説である。これに対して、財産権の保障は、人間としての価値ある生活を営むうえで必要な物的手段の享有を制度として保障するものであり、生産手段の私有は財産権保障の本質的要素ではないから、二九条一項の保障は必ずしも資本主義体制の保障を意味しないとする説もある。

❖財産権の制限

憲法二九条二項の「公共の福祉」による財産権の制限には、経済的自由として、権利に内在する限界からくる消極的規制と経済的・社会的弱者の保護という政策目的からなされる積極的規制とがあるとするのが通説である。消極的規制の例としては、病毒汚染物件の使用制限や汚染建物の処分(「伝染病予防法」一〇条・一九条ノ二)、不衛生食品等の販売禁止(「食品衛生法」四条・五条)、防火対象物の改善命令や消防対象物およびその敷地の使用・処分・使用制限(「消防法」五条・二九条)のように、生命・健康に対する危害や災害を防止するためのものがある。また、隣地所有権との利用調整に関する相隣関係規制(民法二〇九条以下)などもある。積極的規制の例としては、独占禁止法による私的独占の排除、農地法による耕作者保護のための規制、都市計画法による土地利用規制、文化財保護法による文化財保護のための規制などがあげられる。

経済的自由規制の違憲審査基準に関し、消極目的規制については「厳格な合理性の基準」が、積極目的規制(積極的・政策的規制)については「ゆるやかな合理性の基準」が当てはまる。通説はこれを財産権制限の規制立法の場合にも用いられるとするが、判例における財産権規制の違憲審査基準は、営業の自由の場合とは異なるとする見解もある。その例として持ち出されるのが、「森林法事件」(最大判一九八七年四月二二日)である。ここでは、共有林の持ち分価格が二分の一以下の森林共有者からの分割請求を禁止する森林法一八六条の違憲性が争われた。最高裁は、その森林法規定の目的を「森林の細分化を防止して森林経営の安定化をはかり……もって国民経済の発展に資する」こととしたうえで、規制手段の必要性と合理性を厳格に審査し、最終的に違憲とした。最高裁の説明を前提とすると、当該規定は積極目的規制にあたると考えるのが自然である。それにもかかわらず、消極目的規制の場合のような厳格な合理性の基準を用いているため、学説では、この判決について、実は消極目的の規制に近いものであったから、そういった基準を用いたのだとされたり、新たな基準が示されたのだとしたり、さまざまな分析がなされた。他の判例をみても、財産権規制の審査では、必ずしも消極・積極目的規制に基づく違憲審査基準にふれていない。財産権の規制立法に対する違憲審査にあたっては、そのような規制二分論にふれず、立法目的を明らかにしたうえで、その上で立法事実論の手法をとり、どの程度立法府の裁量を認めるべきかにつき比較的深く立ち入って審査する、という審査方法を採るのが判例の立場だとみることもできる（後の「インサイダー取引を規制する証券取引法一六四条一項に関する判決」〔最大判二〇〇二年二月一三日〕では、同法の目的を「証券取引の公平性、公正性を維持するとともにこれに対する一般投資家の信頼を確保する」としたうえで、当該の規制の必要性、合理性に欠けるところが明らかとはいえないとして、ゆるやかな合理性の基準＝明白性の基準で合憲としている。結論は異なっているが、ここでも二分論には言及せず、そのような手法がとられている）。

なお、財産権の内容は「法律で……定める」と規定されているから、政令や省令によって財産権を制限することはできない。条例による財産権の制限は、条例が地域住民の代表である地方議会が制定するものであり、憲法九四条が四一条の例外を定めるものであること、地方の事情により条例で規制する方が妥当なこともあることなどから、最高裁は、「奈良県ため池条例事件」において、条例による制限を認めている（最大判一九六三年六月二六日）。ただし、全国的に一律の取り扱いを必要とする事項はやはり法律によるべきだろう。

❖財産権の公用収用と損失補償

憲法二九条三項は「私有財産は、正当な補償の下に、これを公共のために用ひることができる」と規定する。これは公用収用と損失保障という制度の根拠となる。

「公共のために用ひる」とは、道路、鉄道、学校、病院、公園の建設などの公共事業を行う際に、国が私有財産を直接に収用または使用することを意味するのはもちろん、「公共の福祉」のために財産権を侵害（剝奪および制限）するすべての場合を含むと解されている。たとえば、自作農を創設するために地主から農地を取り上げて小作人に交付したり、農業経営の合理化のために農地所有権の交換分合を行う場合などもこれに含まれる。

損失補償とは、適法な公権力の行使によって生じた損失を塡補することをいう。私有財産権を保障している以上、「公共の利益」のために、特定の人に特別の犠牲を払わせることは公平ではない。そこで、その人の損失を全体の負担において調節しようという考え方による。この場合、補償を要する「特別の犠牲」とはどのようなものをさすのかが問題となる。従来の通説や判例は、①その制限は一般的なものか、それとも特定の人に対するものか（形式的要件）、②財産権を認める以上当然あってしかるべき程度の制限か、それとも財産権の剝奪やそれに等しいくらい厳しい制限か（実質的要件）を併せて判断すべきだとするが、①の形式的要件については、一般的か特別かの区別が相対的であることや公共のために用いる方法が多様であることなどを理由として、②の実質的要件のみによるべきとする見解も有力である。財産権保障の趣旨や二九条三項の趣旨をふまえて、憲法上許容される範囲ではあるが、当該個人に財産上の損失を負わせることは公平上不合理であると考えられる場合には、保障すべきということであろうから、実質的要件を基準に、結局は、犠牲を要する範囲、程度、目的、内容、態様などを総合的に考えて、現代における当該財産権の性格も考慮し、それを受忍しうる程度の犠牲か否かを個別的・具体的に判断すべきということになるだろう。

私有財産を公共のために用いる際の「正当な補償」については、完全補償説と相当補償説がある。完全補償説は当該財産の客観的な市場価格を全額補償すべきだとし、相当補償説は当該財産について合理的に算出された相当な額であれば、市場価格より低廉でもよいとする。最高裁は当初、「農地改革事件」（最大判一九五三年一二月二三日）において相当補償説を採用した。ただしこれは、農地改革という、占領下の特殊な事情のもとで行われた戦後改革の一つを維持するためのものだったことを考慮すべきで、一般化できないという意見が多い。その後、最高裁は、「完全補償説」の立場に立った判決を下し（「旧都市計画法に基づく土地収用事件」最判一九七三年一〇月一八日）、当該都市計画事業のためになされた土地収用の場合、金銭をもつて補償する場合には、被収用者が近傍において被収用地と同等の代替地等を取得することをうるに足りる金額の補償を要するものとした。こうした状況から、一般には、完全補償を原則としながら、例外的相当補償でよいとする説が支持されている。この説によれば、道路、鉄道など、直接公共の用に供するための収用・使用の場合は完全な補償を要すると考えられる。これに対し、社会改革的な施策ないし社会権の実現という政策目的による財産権の制限の場合には必ずしも完全な補償ではなく、相当な補償でもよいとする。

なお、完全な補償には、収用された財産の客観的価値のほかに、移転料や営業上の損失などの付帯的損失も含まれる（「土地収用法」七七条・八八条）。さらに、生活の基盤を破壊するような財産権の収用の場合には、生活権補償（生存補償）が検討されなければならないという見解がある。憲法二九条の財産権の制限の根拠の一つが社会権ないし生存権の保障の反映である以上、これをないがしろにすることは許されないが、二五条の保障が政策に委ねられている以上、やはり、この生活権補償の具体化も立法や行政の裁量に委ねられることになる。

補償請求は関係法規の具体的規定に基づいて行う（たとえば土地収用法六八条以下）。法令に補償規定がない場合には、憲法二九条三項を直接根拠にして補償請求をすることができるというのが通説であり、判例でもある（最大判一九六八年一一月二七日）。

❖沖縄米軍基地用地と財産権保障

個人の私有する土地であっても、「公共のため」に必要であれば、一定の手続の下で、強制的に取り上げられ、あるいは使用されることがあることは、憲法上認められている。沖縄の米軍基地問題は、形式的にはこのような仕組みの中で運用されている土地収用をめぐるものなのだ。

米軍用地の収用手続きは、現在は、いわゆる駐留軍用地特別措置法に基づいて行われている。この法律は、一九五二年に成立し、安保条約に基づく米軍駐留のための用地確保にあたって、必要な土地の地主との間に任意の契約が結べない場合、強制的に使用できるように規定したもので、この手続は土地収用法のものに準ずるものとされていた。一九九六年になると、収用期限が切れ、不法占拠となった土地が現れ、これに対して沖縄の民集は反戦地主を中心に、即時返還を要求した。政府はこのような事態に対処するため、駐留軍用地特別措置法の改正をはかり、一九九七年四月一七日の改正で、米軍基地の使用期限は事実上、無期限とされた。

米軍基地用地の使用料は、価格的に見れば、沖縄の地主が自分で使用して得られる分よりは一般に高く、経済的には得である。しかし、土地の使用を拒否しているいわゆる反戦地主は、その経済的な価値を問題としているのではなく、第二次世界大戦の経験をふまえ、平和主義的な見地から、基地のための土地提供に反対しているのである。

駐留軍用地特別措置法に基づく基地用地収用手続きには、次のような問題がある。本来、土地所有を含んだ財産権は保障されるのが原則であり、例外的に、公共のために必要な場合には、厳格な手続きを経た上で、収用等による財産権の制限が許されるというのが憲法の趣旨である。これは、憲法二九条だけでなく、法定手続の保障を定めた三一条の規定からも導かれる。ところが、一九九七年の特措法改正によって、必要な収用手続きが完了していなくても、基地の使用ができることとなり、憲法の求める厳格な手続きの条件を無視した措置が可能とされた。

また、公共のための土地収用等について定めた土地収用法には、土地収用の原因となる事項が列挙されているが、そこには軍事目的の収用はあげられておらず、このことから、戦後の憲法下で定められた収用手続法は、軍事目的の収用は許していないものと解することができる。駐留軍用地特別措置法はこの法律の特別法であるから、土地収用法の原則に反することはできない。つまり、いわゆる「軍事的公共」を日本国憲法は認めていないと考えられる。第二次大戦下における悲惨な人権状況を深く反省した日本国憲法は、平和主義をその基本原則とし、具体的には九条を規定したが、このような憲法の姿勢からすれば、憲法二九条三項の「公共」は軍事的公共を含まないと考えることは当然であろう。

TOPIC

「消費」の自由と「地球の生存権」

日本国憲法では、財産権が保障されているので、個人が有する財産をどのように使おうが、基本的には自由である。食べたいものを食べ、着たいものを着、乗りたい車に乗り、好きな娯楽を楽しむ。人に迷惑をかけない限りは、お金さえあれば、どんな贅沢も許されるのだ。そんな「消費者」に多くの金を使ってもらって、利益を追求するのが、企業であって、その企業の営業の自由も保障されている。実際、日本（資本主義諸国、特にアメリカなども同じ傾向はあるが）では、「消費者」ないし「消費」の動向が非常に重視され、モノが売れること、お金が使われることをいかに活発化するか、つまりは企業がいかに儲けるかが一番の関心事であるかのようである。

しかし、そのような「消費者」に価値をおく日本や諸外国の行き方に、警鐘を鳴らすデータが、二〇一〇年八月二五日環境NGO・世界自然保護基金（WWF）ジャパンによって報告された。このデータは、世界の人々の生活において、食糧や燃料などの消費をまかなうために必要とされる森林や海の面積などを考慮して、自然環境に与える影響を算出したものだそうだ。それによれば、世界中の人が日本人と同じ暮らしをしたら、地球が2・3個必要になる、というのだ。これはいわば、「地球全体の生存」が危機にひんしているということをしめしたものといってもよい。

「地球全体の生存」確保を、経済的自由の制限の根拠としての公共の福祉に含ませるべきかどうかは、やや微妙なところがあるが、「地球全体の生存」を全く無視しては、人類の幸福追求も難しくなるであろうことは容易に予想される。最近は日本でも、「エコ」の理念はかなり一般化してきたと思われるけれども、企業中心主義の「消費」重視の社会であるところは、あまり変わっていない。いまだ消費を幸福の追求と結びつけるという傾向が強いということなのだが、これは必ずしも富裕層だけでなく、中間層以下も含めて、広く一般的に日本人にあてはまるのではなかろうか。

「消費」を前提とした幸福追求を少しガマンして、地球全体の幸福追求を考えるときが来ている。

（真鶴　俊喜）

第9章　家庭生活と憲法

1　憲法・家族・婚姻

❖家族の変容

元来、家族とは、夫婦や親子、兄弟等によって構成される社会の基本的な構成単位であり、新しい生命の創造や成長、あるいは福祉や医療等の機能を備えた集団である。国家・家族・構成員の関係について、個人化を志向するのか、家族の一体性を志向するのか、それとも家族を利用してなされる国家の社会統制を強調するのかは、時代や国・地域、文化や伝統によってさまざまに異なりうる。戦前の日本の家族は、個人の自律や自己決定よりも、集団としてのまとまり・同一化が強調され、個人の自律を妨げる傾向が強かった。国家はそのような家族を保護して社会統制を維持してきた。まさに「家」が反個人主義的な集団として、また、男性優位のシステムとして、個人の日常生活を支配していたのである。

「家」は、戸主と家族から構成され、戸主は「家」の統率者として家族に対する私法上の権限（家族の婚姻・縁組・分家等の許諾権）と義務（家族の扶養義務）を有していた（戸主権）。戸主の死亡の場合、その地位は長子相続制に基づく家督相続人に継承され、それは単独相続であった。戸主と家督相続は、女性を絶対的に排除するものではなかったが、男子優先の原則により、女性にとって圧倒的に不利な仕組みであった。また、夫婦間においても不平等な規定が存在した。妻はその財産を夫によって管理され、夫は妻に対して一方的に離婚できた。不貞を理由とする離婚条件についても、妻の姦通はただちに離婚原因とされる一方、夫については姦通罪で刑に処せられた場合にのみ離婚原因とされており、不平等な取り扱いとなっていた。これらの不平等問題や支配関係は、日本国憲法の制定を契機に解消が目指され、多くの点で改善をみたものの、後述するように、いまだ法律上・事実上の差別が戦後も長きにわたって続くことになる。

近時では、家族形態の多様化、都市への人口集中、核家族化等により、家族の凝集力が弱まり、また、終身雇用制の見直しや雇用形態の多様化等により、会社の凝集力も弱まっている。個人は自律を獲得できないまま、家からも会社からも放り出されるに至っているのが現状であろう。これこそ「自律した個人」が立ち現れる契機と受け止める余地はあろうが、少なくとも、職を失い家へも戻れずホームレスを選択する人々には、積極的な態度決定がある訳ではない。こうした状況のなかで、自律、個人主義、平等を強固にし、多様な家族のあり方を認める「家族の個人化」を目指す方向性（個人主義）、個人を、家族を含むさまざまな共同体に取り込み、家族に福祉や医療等の役割を担わせようとする方向性（共同体主義）、国家が家族を保護し、それにより社会統制や国民統合を目指す方向性（国家主義）とが主張され、その狭間で再度、家族のあり方が問い直されている。

❖憲法二四条の「家族」

憲法二四条は、「婚姻は、両性の合意のみに基いて成立し、夫婦が同等の権利を有することを基本として、相互の協力により、維持されなければならない」（一項）、「配偶者の選択、財産権、相続、住居の選定、離婚並びに婚姻及び家族に関するその他の事項に関しては、法律は、個人の尊厳と両性の本質的平等に立脚して、制定されなければならない」（二項）と規定する。この規定の意義を明らかにするためには、他の憲法上の規定、とくに、憲法一三条との関係を意識しながら検討することが求められよう。

そこで、憲法二四条を中心にその規範内容を整理すれば、次のように考えられるであろう。まず、第一に、婚姻の自由という側面である。一項により、「両性の合意のみ」による婚姻成立の保障、すなわち、婚姻の自由が保障され、また、そこには、婚姻しない自由（非婚の自由）および離婚の自由、さらに、婚姻によって不利益を受けないことの保障が含まれると解される。

第二に、夫婦の「同等の権利」およびその「相互の協力」による婚姻「維持」の保障という側面である。これには、次の二つの原則が含まれるものと解される。一つには、婚姻関係は、夫婦が平等の立場でお互いの同意のもとで維持されるべきもので、国家が不当に介入することは許されない、とする自由権的側面である（もっとも、この側面は、後述する憲法一三条の幸福追求権・自己決定権の保障内容と重なり合うこととなり、実際の役割はそれほど大きくない）。もう一つに、婚姻関係が夫婦の「同等の権利」と「相互の協力」で維持されるよう、国家に積極的保護を求めうる、とする請求権的側面である（「配偶者暴力防止法」や「児童虐待防止法」等は、それを具体化する立法と捉えることができる）。

第三に、国家が親族法・相続法を制度化する際に課される義務という側面である。二項は、第一、第二の個人の権利という側面とは異なり、国家に対する命令・禁止を定める客観法と解される。その法的性格をいわゆる「制度的保障」と解するのであれば、立法府は、「配偶者の選択、財産権、相続、住居の選定、離婚並びに婚姻及び家族に関するその他の事項」に関する積極的な制度の創設を命じられ、その際、制度の本質的・中核的部分（「個人の尊厳と両性の本質的平等」）を侵害することはできず、これを侵害すれば憲法違反となるものと解されよう。

❖婚姻の自由とその制約

婚姻の自由は、「両性の合意のみ」によって成立するはずであり、婚姻届を出さない、文字どおり「両性の合意のみ」による婚姻（事実婚）が、憲法の想定する基本型であろう。したがって、法律上の配偶者の取り扱いにおいて、事実婚の配偶者をも含むよう規定する例（「健康保険法」三条七項一号、「国民年金法」五条八項等）がみられるのは、この趣旨に合致する立法と解されよう。しかし、立法者が想定する婚姻は、必ずしも憲法の想定する基本型どおりではない。民法は法律婚主義（民法七三九条一項）および一夫一婦制（民法七三二条）を採用するからである。これは憲法二四条一項に違反しないのであろうか。

この点、最高裁は「民法が採用するこれらの制度は憲法の右規定に反するものでないことはいうまでもない」とする（最大決一九九五年七月五日）。戦後、GHQと司法省との間で議論が交わされ、その結果、戸籍制度自体は存続したこと（ただし、夫婦と子どもを一つの単位とするものに改められた）、また、二四条一項は、婚姻に戸主の同意を必要としていた戦前の「家」制度を廃止するところに意義があると解することもできること等に着目すれば、憲法二四条は、「個人の尊重」や平等原則に反しない限りでの戸籍制度の創設を予定していたのであり、戸籍制度を採用することにともなう一定の制約を許容する趣旨と解すべきではなかろうか。このように解する限り、民法上の法律婚主義・一夫一婦制は、憲法二四条には反しないこととなろう。

他方、以上の婚姻の枠組み（事実婚または法律婚、一夫一婦）に収まらない個人間の結びつきについては、どのように考えるべきか。たとえば、「両性」による婚姻ではない、いわゆる同性婚（関連して、同性愛、性転換、戸籍の性別表記の変更等）についても、人権の保障が及ぶのであろうか。また、夫婦以外の家族の形成・維持（妊娠・出産、避妊・人工妊娠中絶）については、どう解すべきであろうか。これらについては、憲法一三条の幸福追求権ないし自己決定権によって保障されることを基本に、家族の個人化・多様化を追求すべきであろう。

また、法律は婚姻に関わる身分関係および財産関係を規定しているが、その際、婚姻の条件や年齢、再婚禁止期間について規制を置く場合がある。たとえば、民法では「男は、満一八歳に、女は満一六歳にならなければ、婚姻をすることができない」（民法七三一条）と規定され、婚姻年齢について一定の要件を設けている。また、直系血族間・三親等内の傍系血族間の婚姻や直系姻族間の婚姻等が禁止されており（民法七三四条ないし七三六条）、婚姻に一定の条件を課している。このうち、男女別の婚姻適齢を規定する民法七三一条については、婚姻の自由だけでなく、男女平等の観点からも検討されなければならない。「厳格な合理性の基準」によって判断する場合（第4章1参照）、立法事実として、「女子差別撤廃条約」の批准に合わせて法改正を行い、男女同年にする傾向が世界各国にみられること、立法目的として、夫に対する妻の依存性への考慮が働いていたとすれば、目的自体に問題が存するものと考えられること、かりに、男女の肉体的成熟度の違いを目的と捉えてそれ自体合憲とするとしても、肉体的成熟度には個人差があり、手段との間には実質的関連性はないものと解されること等から、違憲の疑いがあるのではないか。

さらに、婚姻の自由は、婚姻によって不利益を受けないことの保障をも含む。このことからすれば、女性労働者のみについて結婚を退職理由とすることは、平等原則（憲法一四条一項）に反するのみならず、婚姻の自由の保障の趣旨にも反することとなろう（住友セメント結婚退職制事件に関する東京地判一九六六年一二月二〇日参照。また、この問題は、人権の私人間効力論とも関わるが、この点は、第4章2参照）。

❖再婚禁止期間の合憲性

「女は、前婚の解消又は取消の日から六ヶ月を経過した後でなければ、再婚をすることができない」（民法七三三条一項）という、いわゆる再婚禁止期間に関する定めも置かれている。この規定は、父性混同の防止、女性が再婚した場合における出生子の利益保護、家庭生活の平穏保護等のために設けられたものである。すなわち、民法七七二条一項は、「妻が婚姻中に懐胎した子は、夫の子と推定する」と規定し、また、同条二項は、「婚姻成立の日から二百日後又は婚姻の解消若しくは取消の日から三百日以内に生まれた子は、婚姻中に懐胎したものと推定する」と規定するが、再婚禁止期間が設けられていなければ、女性が婚姻の解消または取消の日から三〇〇日以内で、かつ、後婚成立後二〇〇日後に出生した子は、父性の推定が重複するおそれが生じる。こうした事態は、家族関係を不明確にするのみならず、出生した子の利益や後婚関係の平穏をも妨げることとなってしまうのである。

しかし、女性にのみ再婚禁止期間を設けることは、憲法一四条の平等原則および憲法二四条一項の婚姻の自由に照らし違憲ではないか、かりに一定の期間を設定すること自体が合憲であるとしても、六か月というのは長すぎるのではないかが問題となりうる。この点につき、民法七三三条の立法をし、改正または廃止をしないことが国家賠償法上違法となりうるかが争われた訴訟がある。この件で、最高裁は、在宅投票制度廃止事件判決（最判一九八五年一一月二一日）を先例として引いたうえで、「合理的な根拠に基づいて各人の法的取扱いに区別を設けることは憲法一四条一項に違反するものではなく、民法七三三条の元来の立法趣旨が、父性の推定の重複を回避し、父子関係をめぐる紛争の発生を未然に防ぐことにあると解される以上、国会が民法七三三条を改廃しないことが直ちに前示の例外的な場合に当たると解する余地のないことが明らかである。したがって、同条についての国会議員の立法行為は、国家賠償法一条一項の適用上、違法の評価を受けるものではないというべきである」と述べている（最判一九九五年一二月五日）。

本判決は、立法行為の違憲性・違法性という訴訟選択の影響を受け、民法七三三条の内容の違憲性を直接判断するものとはなっていない。かりに、女性の再婚禁止期間自体の合憲性を問うとすれば、「厳格な合理性の基準」に従い、次のように解すべきであろう。民法七七二条（後述のＴＯＰＩＣ参照）を前提とする場合、父性の推定の重複回避という目的を達成するには一〇〇日の期間を置けば足りること、父子関係の確定にはＤＮＡ鑑定も可能であり、また、再婚時に妊娠していないことの証明も容易であること、男女が高齢であったり別居状態にあるなど、前婚の夫の子を妊娠していない場合にも一律に適用されるのは明らかに不合理であること等を指摘できよう。したがって、一〇〇日を超える禁止期間の設置は、目的との間に実質的な関連性がなく、平等原則に反すると考えられ、また、目的に比し、広汎な制限を課す不合理な規定であるため婚姻の自由を侵害するものとも解される。

2　家族における「尊厳」と「平等」

❖夫婦同氏義務と夫婦同権・本質的平等

「夫婦は、婚姻の際に定めるところに従い、夫又は妻の氏を称する」（民法七五〇条）とされ、夫婦同氏義務が定められている（法律用語としては「氏」であるが、一般には「姓」の言葉が用いられることもある）。婚姻後どちらの氏を採用するかは、夫婦の選択に委ねられ、その限りで、夫婦の「同等の権利」ないし「両性の本質的平等」に合致するともいえる。しかし、大多数の夫婦では、妻の方が氏を変え、夫が戸籍筆頭者となる状況が定着している。妻のみの改氏の実態は、選択の自由のもとに男女差別を存続させることとなり、平等権ないし幸福追求権を侵害するのではないかが指摘されてきた。

この制度を変えないで改氏を回避するには、事実婚を選択するか、旧氏を通称として使うしかない。後者の方法によれば、氏名上のアイデンティティーを維持しつつ仕事を継続することも可能となる。しかし、通称を継続して使用する権利（氏名保持権）は、憲法一三条によって保障されているとは解されておらず、たとえば、雇用主が通称の使用を拒否した場合、それを改めさせる方法は存しない（東京地判一九九三年一一月一九日。もっとも、氏名を人格権の一内容を構成するものと認めた判決もある。最判一九八八年二月一六日）。そこで、民法七五〇条が憲法一三条、一四条、二四条に違反するとして、夫婦別氏を採用すべきとする議論が出てくることとなる。

これについては、一九九六年、政府の法制審議会（法相の諮問機関）が夫婦別氏制度導入を答申し（別氏も選択できるとし、子の氏は婚姻時に定め、複数の子の氏を統一する案）、法務省が民法改正案をまとめたが（すでに述べた民法七三一条の婚姻適齢を男女ともに満一八歳とする案や民法七三三条の再婚禁止期間を一〇〇日に短縮する案、また、後述する民法九〇〇条四号但書の相続分差別を解消する案なども盛り込まれていた）、当時与党だった自民党内の反対論が根強く、国会に提出することを断念した。一方、民主党は一九九七年以降、繰り返し民法改正案を国会に提出してきたが、いずれも廃案となっている。二〇〇九年の衆議院議員総選挙で政権交代を果たした民主党は、選択的夫婦別氏制度の導入に前向きであるが、民意の動向も見極めなければならず、成立するかどうかはなお流動的である。

夫婦同氏義務の合憲性について、「親族共同生活の中心となる夫婦が、同じ氏を称することは、主観的には夫婦の一体感を高めるのに役立ち、客観的には利害関係を有する第三者に対し夫婦であることを示すのを容易にするものといえる。したがって、国民感情または国民感情及び社会的慣習を根拠として制定されたといわれる民法七五〇条は、現在においてもなお合理性を有するものであって、何ら憲法一三条、二四条一項に違反するものではない」とする判例がある（岐阜家審一九八九年六月二三日）。しかし、「夫婦の一体感」、「夫婦であることを示すのを容易にする」こと、「国民感情」・「社会的慣習」を根拠として簡単に合憲としたことには批判も多く、民法七五〇条を違憲あるいは政策上望ましくないとする説も有力に主張されている。

そこで、この問題については次のように考えるべきであろう。まず、憲法一四条の平等原則との関係である。平等原則が実質的平等の請求権という側面をもたない以上（第4章1参照）、形式的平等を実現する民法七五〇条は、違憲であるとはいえない。次に、憲法二四条一項との関係である。すでに述べたように、婚姻関係が夫婦の「同等の権利」と「相互の協力」で維持されるよう、国家に積極的保護を求めうる、とする請求権的側面が認められると解する場合には、憲法二四条一項を根拠として、民法七五〇条を違憲と解することも可能となろう。ただし、夫婦同氏を違憲とすることが、ただちに他の異なる制度へと直結することにはならず、夫婦同氏に代わる制度の選択は、立法府の対応を待たなければならないこととなろう。

❖相続における「個人の尊重」・「平等」

法律は、法律婚関係にある夫婦から生まれた子（嫡出子）とそうでない子（非嫡出子）を区別し、差別を設けることがある。なかでもとくに、相続分差別が問題である。民法九〇〇条四号但書は、「嫡出でない子の相続分は、嫡出である子の相続分の二分の一と」する（法律用語としては「嫡出である子」「嫡出でない子」であるが、一般には嫡出子・非嫡出子、婚内子・婚外子の言葉が用いられることもある）。これは、平等原則を規定する憲法一四条、また、「個人の尊厳」に立脚した家族制度の制定を求める二四条二項に違反しないのであろうか。

下級審には、違憲と判断するものもみられた（東京高決一九九三年六月二三日、東京高判一九九四年一一月三〇日）が、最高裁は合憲と判断した（最大決一九九五年七月五日）。第一に、相続制度については、「立法府の合理的な裁量判断にゆだねられている」とする。その理由として、①相続制度の「形態には歴史的、社会的にみて種々のものがあ」ること、②「相続制度を定めるに当たっては、それぞれの国の伝統、社会事情、国民感情なども考慮されなければなら」ないこと、③「現在の相続制度は、家族というものをどのように考えるかということと密接に関係しているのであって、その国における婚姻ないし親子関係に対する規律等を離れてこれを定めることはできない」ことをあげている。

第二に、違憲審査基準としては、「合理的関連性の基準」（第4章1参照）を採用した。「嫡出子と非嫡出子の法定相続分の区別は、その立法理由に合理的な根拠があり、かつ、その区別が右立法理由との関連で著しく不合理なものでなく、いまだ立法府に与えられた合理的な裁量判断の限界を超えていないと認められる限り、合理的理由のない差別とはいえ」ないというべきとされている。その理由としては、第一の点に加え、法定相続分の定めが、「遺言による相続分の指定等がない場合などにおいて補充的に機能する規定である」ことが考慮された結果とされる。

第三に、民法九〇〇条四号但書は違憲ではないとする。その理由として、次の点が指摘されている。①民法が法律婚主義を採用した結果として、嫡出子と非嫡出子との区別が生じても、やむをえないといわなければならないこと、②本件規定の立法理由は、「法律婚の尊重と非嫡出子の保護の調整を図ったもの」と解され、民法の法律婚主義からして、「本件規定の立法理由にも合理的な根拠がある」こと、③非嫡出子の法定相続分を嫡出子の二分の一としたことは、「立法理由との関連において著しく不合理であり、立法府に与えられた合理的な裁量判断の限界を超えたものということはできない」ことである。

❖非嫡出子相続分差別の違憲性

しかし、最高裁の判断には問題がある。まず、立法裁量を広く認める第一の点については、その背後にある基本的な理解の問題性を指摘しなければならない。すなわち、最高裁の判断は、本件規定が、既存の秩序を前提に、それを修正するのではなく、基本的な法的秩序を形成する規定であって、さまざまな利益を調整して制定されるために、立法裁量にゆだねるべきとするものである。

しかし、「基本的な法的秩序の形成」であっても、憲法上の拘束がないわけではない。憲法二四条二項は、まさに「個人の尊厳と両性の本質的平等に立脚し」た法秩序の形成を要求している。非嫡出子本人にとって、自分とは関係のないところで決まってしまう事柄により差別されることとなるのであり、それを規定する法秩序は、それだけで「個人の尊厳」に立脚した法秩序とはいえないのではないか。また、平等原則についても同様であり、これに反する「基本的な法的秩序の形成」は、やはり違憲と解されなければならないのではないだろうか。むしろ、国家の「基本的な法的秩序」を決定するのは憲法であり、法律による制度化は、この憲法のもとでのみ可能となるものと考えるべきである。

また、平等原則に反するかどうかを審査する基準については、「主体」の属性と「利益」の属性とを考慮したうえで決定される（第4章1参照）。最高裁は、この点、相続制度という利益の観点のみを考慮に入れているが、本件では「社会的身分」による異なる取り扱いが問題となっており、この主体の側面についての考慮を欠いたままで判断することは妥当ではないように思われる。本件では、「厳格な合理性の基準」によって判断しなければならないと解されよう。

最高裁のいう立法目的は合憲として、また、非嫡出子の保護も考慮されているとしても、法定相続分の区別を規定することでは非嫡出子の出現を抑止できないこと、規制の範囲が立法目的に対して広すぎること（母親の相続についても適用を受けてしまう）、親の婚姻状態を理由に子どもに不利益を与えるような調整はやはり不合理であること等から、目的と規制手段との間に事実上の実質的関連性は存しない。また、親にも、婚姻をしないで子どもをもうけるというライフスタイルの自己決定権（憲法第一三条）が保障されていることからしても、本件規定の合憲性は維持できないものと解すべきであろう。重要なのは、法律婚主義を貫いてまで個人より家族を保護しようとするのではなく、個人の尊重や平等の原理を徹底させ、個人の保護をより充実させるべきという点にある。

❖住民票の記載における「個人の尊重」

住民基本台帳制度は、「住民の居住関係の公証、選挙人名簿の登録その他の住民に関する事務の処理の基礎とするとともに住民の住所に関する届出等の簡素化を図り、あわせて住民に関する記録の適正な管理を図るため、住民に関する記録を正確かつ統一的に行う」ための制度である（「住民基本台帳法」一条）。住民票の記載は全国で統一されていなければならないため、国は、住民基本台帳の記載方法等に関して、「住民基本台帳事務処理要領」を定めていた。これによれば、嫡出子の続柄は「長男」「二女」等とされ、非嫡出子については「子」と記載されることとなっており、住民票の記載を見れば、非嫡出子であることが明らかになる取り扱いがなされていたのである。このような住民票による非嫡出子である事実の公示は、「生まれ」による差別を生む原因となるおそれがあるため、平等原則に反するのではないか等が問題となろう。

この点、住民票に非嫡出子である事実を記載した市長の行為が違法であることを理由に、記載処分の取消や損害賠償等を求める訴訟が提起されたことがある。最高裁は、「戸籍法が嫡出子と非嫡出子とを区別して戸籍に記載すべきものとしており（同法四九条二項一号、同法施行規則三三条一項、附録六号）、住民票と戸籍とが多くの記載事項を共通とする密接な関係を有するものである（住民基本台帳法一九条、同法施行令一二条二項等参照）ことにかんがみて、住民票においても戸籍と同様に嫡出子と非嫡出子とを区別して続柄の記載をすることとしたものと考えられる」とし、憲法一四条等を考慮に入れるとしても、市長の行為を違法とすることはできないと判断した（最判一九九九年一月二一日)。

しかし、「住民基本台帳法」第一条が掲げる目的のうち、「居住関係の公証」や「選挙人名簿の登録」には、非嫡出子である事実の記載は不要である。また、「その他の住民に関する事務の処理」についても、自治省(当時)の照会に対する関係行政機関の回答は、当該事実の記載がなくても事務処理上特段の支障はない、というものだったという。さらに、本件訴訟の第一審判決が出された後で、「事務処理要領」が改正され、世帯主との続柄はすべて「子」と統一された(一九九五年三月一日より)ことからしても、記載の区別には、特段の理由がなかったことがうかがえる。本件記載を「社会的身分」による差別と捉え、「厳格な合理性の基準」によって判断する場合には、非嫡出子である事実の記載は、目的との間で事実上の実質的関連性がなく、違憲と解すべきであろう。

❖戸籍・出生届の記載における「個人の尊重」

非嫡出子記載の問題性が認識されてきたことから、住民票だけでなく戸籍や出生届の記載にも変化がみられるようになっている。戸籍上も、嫡出子の場合は「長男(長女)」「二男(二女)」等、非嫡出子の場合は「男」または「女」と記載され区別されていたところ(「戸籍法」四九条二項一号等)、新たに出生届を出す際、また、すでに戸籍に記載されている場合には申出により、「男」または「女」の記載を「長男(二男)」「長女(二女)」等に改めることとされた(二〇〇四年一一月一日より)。これは、東京地裁が、戸籍上嫡出子と非嫡出子とを区別して記載することがプライバシー権を害していると判示したことを受けて改善されたものである（東京地判二〇〇四年三月二日。もっとも、損害賠償請求は棄却された。さらに、その控訴審では、プライバシー権侵害も否定されている。東京高判二〇〇五年三月二四日）。

また、非嫡出子の出生届を出す際に、従来は、「嫡出でない子」の欄にチェックを入れなければ受理されず、不受理で戸籍に記載されなければ、住民票が作成されなかったり、パスポートの取得ができなかったり、不利な取扱いを受けることとなっていた。しかし、法務省はその取扱いを改め、「嫡出でない子」の欄にチェックを入れない場合でも、「その他」欄に、「母の氏を称する」や「母の戸籍に入籍する」等と書けば受理するよう市町村に通知した（『朝日新聞』二〇一〇年五月五日朝刊）。公的機関の内部への平等意識の浸透をみてとることができるであろう。

TOPIC

「三〇〇日問題」と父子関係

民法七七二条の嫡出推定制度自体の問題として議論されているのが、いわゆる「三〇〇日問題」である。女性が元夫との離婚後三〇〇日以内に別の男性との間の子を出産した場合（離婚後すぐに別の男性との間の子を懐胎した場合や、離婚後六か月を経過した後再婚し、後婚の夫との子を早産した場合等）、出生した子と実父との間に親子関係を成立させるには、次の二つの手続をとる必要がある。

①元夫が嫡出否認の訴え（民法七七四条以下）を提起するか、「嫡出推定の及ばない子」であるとして（夫婦が事実上の離婚をして夫婦の実態が失われていたり、遠隔地に居住していて性的関係をもつ機会がなかったなどの事情がある場合。最判二〇〇〇年三月一四日等）、女性や子が親子関係不存在確認訴訟（「人事訴訟法」二条二号）ないし親子関係不存在確認の調停（「家事審判法」一八条一項、二三条二項）によって元夫と子との親子関係を否定すること。

②任意認知（民法七七九条）または強制認知（民法七八七条）により、実父と子との父子関係を形成すること。

ところが、元夫に対し①の嫡出否認の訴えの協力を求めることが困難であること、親子関係不存在確認訴訟を提起すると元夫に住所が知られてしまい、平穏な生活が壊されるのではないか不安があること等から、女性が子を元夫の戸籍に記載することもできないまま無戸籍児としてしまうケースがある。これがいわゆる「三〇〇日問題」である。

以上の問題は、家族制度をどうするかという本質的な問題へと発展しうる。父子関係の確定に際し、現行法のように、嫡出の推定をした上で覆す方法をとるのか、法律改正により嫡出推定を放棄してＤＮＡ鑑定などで確定する方法をとるのかという問題があるからである。また、後者の方法をとった場合、婚姻中に他の男性との間の子を妊娠・出産することも制度上想定することとなり、家族制度を崩壊させることになるのではないか、といった問題もある。そうでなく、前者の方法を維持するならば、いわゆる「三〇〇日問題」で不利益を被る子のために、どのような対応が可能かを考えなければならない。

現在、子の不利益を解消するため、公的機関は次のような対応を行っている。

①パスポート…外務省が、子が嫡出推定されることを前提に、元夫の氏での発給を認める方針を示した。

②住民票記載…総務省が、一定の基準（出生証明書等で日本国籍を有することが明らかであること、三〇〇日規定によって出生届を提出できず、戸籍に記載されていないこと、裁判所で強制認知の手続などを進めていること）を示し、市町村に通知した。

③戸　　籍…法務省が、離婚後に懐胎したことを医師の証明書で確認できる場合には、戸籍窓口で実父の子として出生届を出すことを認める通達を出した。

④申立方法…最高裁は、親子関係不存在確認の調停を申し立てる方法以外に、子から実父を相手とする認知請求の調停を申し立てる方法もあると説明している。これには、実父を相手とする調停のみによる解決を可能とするもので、元夫の協力や接触を不要としつつ実父との父子関係を認めうる点で利点は多い。

（高作 正博）

第10章　社会権

1　福祉国家と社会権

人権宣言によって保障された自然権は経済的自由権を中心に構成され、やがて資本主義発展の法的基礎となっていった。しかし、それにともない、資本家と労働者との間に強者と弱者の関係が生じ、階級・階層の分化を生じさせた。こうした事態に対応するために、憲法は社会的・経済的弱者のための社会権を保障するようになり、それ以前の消極国家から積極国家・社会国家へという国家像の転換が達せられた。

社会国家への国家像の転換により、国家は、自由が侵害された場合だけでなく、自由の条件を積極的に創出することをもみずからの任務として取り込むこととなった。自由の条件としての平等や福祉を重視し、その限りで国家の市民社会への干渉を許容する「福祉国家」が戦後民主主義を支えてきたといってよい。

しかし、この福祉国家には批判も多い。一九六〇年代の改憲論にみられる福祉国家は、国家共同体の構成員である国民に対し、各自の責任や国民相互の協力を要求するとし、国家に対する国民の義務を導き出す議論だったからである（一九六四年七月提出の『憲法調査会報告書』）。国家権力の肥大化や自由に対する抑圧を問題視する見解は、こうした福祉国家からの転換を主張するようになる。

そうした議論の一つである新自由主義は、福祉国家が市場から活力を奪い、そのため市場が機能不全に陥っていることを指摘し、市民社会への国家干渉を減少させ自由放任を支持し、個人の役割の拡大を重視する。福祉国家に代わるシンボルとして八〇年代以降に英米で、日本では規制緩和・構造改革の標語のもとで、国家政策として採用されていく思想である。ところが、その結果、市場原理・競争原理の強化が図られ、福祉・教育・医療・雇用の各分野において、「自己責任」の名のもとで、格差や貧困など多くのひずみが生じている。これでは、自律のための条件自体が掘り崩されることとなり、自律や選択からの排除、排除の固定化、さらには、次世代への格差の連鎖へと連なっていく。

以上を踏まえ、国家への個人の依存や自由の抑圧から脱却し、しかし、自由・自律の条件をしっかり確保することのできる社会権のあり方が追求されなければならないであろう。

2 生存権

❖生存権の定義と法的性質

生存権は、①「健康で文化的な最低限度の生活」の保障を求める権利を中核とし、②最低限度を超えて、より快適な生活の保障を求める権利（広義の生存権）を含む。生存権を含む社会権は、社会的・経済的弱者を保護するための「国家による自由」をその性質とするが、それは、自由権的側面を排除するものではない。生存権には、国民がみずから健康で文化的な最低限度の生活を維持する自由という側面が含まれており、公権力による不当な制限に対しては、その不介入を、裁判所を通じて実現できる権利を意味することになる。

他方、請求権的側面についてはどうであろうか。この点については、まず、憲法二五条が国家に対する政治的・道徳的義務を定めるのみで、国家を拘束する法的な権利を規定したものではないとする見解がある。プログラム規定説と呼ばれる。他方、生存権を、法的な権利を定めたものとみる見解がある。これは法的権利説と呼ばれている。

また、法的権利説は具体的権利説と抽象的権利説とに分かれる。具体的権利説とは、法律上の手続規定が存しなくても立法不作為違憲確認訴訟（生存権具体化立法が存しない場合に、立法者の不作為の違憲確認を求める訴訟）の提起を認める見解である。また、「具体的権利」の本来の意味から、「最低限度の生活」にかかる具体的な扶助請求権として理解する見解もある。立法不作為違憲確認訴訟の提起が可能かどうかは、権利の性質や内容の問題というよりも、訴訟形式や救済方法の問題であり、法的性質の議論で考慮に入れるべきではない。ここでは、後者の意味で具体的権利説を理解しておくこととする。

抽象的権利説とは、生存権の内容が明確でないために憲法二五条を直接の根拠にして生活扶助を請求することはできないが、生存権を具体化する法律によって内容が明確にされた場合には具体的権利性を認めるとする立場である。生存権の法的性質の理解についてこのように見解が対立するなかで、判例はどのような立場をとっているのか。

❖判例の生存権論

生存権の法的性質が初めて問われた食糧管理法事件では、戦後の食糧不足に対処するため、食糧を管理しその需給・価格の調整や配給の統制を行う「食糧管理法」が、生存権を侵害し、違憲ではないかが問題とされた。判決は、憲法二五条一項により「国民は、国家に対して具体的、現実的にかかる権利を有するものではない」と述べ、具体化立法の必要性を指摘した（最大判一九四八年九月二九日）。ここでは、生存権の具体的権利性を否定する判断がなされている。

また、福祉事務所による生活保護変更処分の違法性が争われた朝日訴訟では、上告人死亡のため訴訟終了を宣告したものの、最高裁は、「なお、念のために」としたうえで、次のように述べた（最大判一九六七年五月二四日）。①生存権は、具体的権利としては、「生活保護法によって、はじめて与えられている」。②「健康で文化的な最低限度の生活なるものは、抽象的な相対的概念であり」、その認定判断は、「厚生大臣の合目的的な裁量に委されて」いる。③「現実の生活条件を無視して著しく低い基準を設定する等憲法および生活保護法の趣旨・目的に反し、法律によって与えられた裁量権の限界をこえた場合または裁量権を濫用した場合には、違法な行為として司法審査の対象となることをまぬかれない」。

本判決は、法律の保護基準が「健康で文化的な最低限度の生活」を下回ることのないよう限界を設定しておきながら、その認定判断を厚生大臣の広汎な裁量権に委ねる点に問題を残す（この点で、本件の第一審判決である東京地判一九六〇年一〇月一九日は、最低限度の生活水準の認定を全面的に行政裁量に委ねる立場をとらず、保護基準のあり方を詳細に検討して原告の請求を認めた。「最低限度」の重大な意義を適切に評価した判断であり、妥当といえる）。ただ、裁量権の逸脱・濫用がありうることを認めた点で、憲法二五条の裁判規範性を肯定したものと解されうる。

「国民年金法」に基づく障害福祉年金を受給していた者が、「児童扶養手当法」に基づき児童扶養手当の受給資格の認定を請求したところ、「児童扶養手当法」上の併給禁止規定により却下された。この併給禁止規定の合憲性が争われた堀木訴訟で、最高裁は次のように述べた（最大判一九八二年七月七日）。①「健康で文化的な最低限度の生活」は、きわめて抽象的・相対的な概念であり、その具体的内容は、「その時々における文化の発達の程度、経済的・社会的条件、一般的な国民生活の状況等」、「国の財政事情」により決定され、「高度の専門技術的な考察とそれに基づいた政策的判断」を必要とする。②憲法二五条の具体化につき、「どのような立法措置を講ずるかの選択決定は、立法府の広い裁量にゆだねられており、それが著しく合理性を欠き明らかに裁量の逸脱・濫用とみざるをえないような場合を除き、裁判所が審査判断するのに適しない事柄である」。③「社会保障給付の全般的公平を図るため公的年金相互間における併給調整を行なうかどうか」、また「給付額の決定も、立法政策上の裁量事項であり、それが低額であるからといつて当然に憲法二五条違反に結びつくものということはできない」。

本件は、行政の法律適合性が問われた朝日訴訟とは異なり、生存権の具体化立法の合憲性が争われた事件である。本判決は、立法府の広汎な裁量を肯定しながらも違憲の余地を認めた。判例の立場を全体として眺めるならば、憲法二五条に裁判規範性を認め、生存権を抽象的権利として捉える見解を採用したものと解すべきであろう。そのうえで、立法により具体化された憲法上の生存権は、その限りで、立法や行政の裁量を緩やかなものではあれ制約しうる具体的権利として現れることになるといってよい。

❖「健康で文化的な最低限度の生活」の抽象性?

判例がプログラム規定説を排し、法的権利説を採用して法律の違憲審査の余地を認めたことは妥当な判断である。しかし、「健康で文化的な最低限度の生活」の抽象性・相対性等を根拠に、広汎な立法裁量・行政裁量に委ねる解釈は、司法の役割を放棄したに等しい。それに加え、抽象的権利として捉えられる生存権は、政治部門による対応を待たなければ現実の救済に結びつかないゆえに、個人は単なる保護客体の地位に追いやられることとなる。自律のための条件が満たされるかどうかは、他律的に決定されてしまうのである。

国家の裁量への依存を断ち切り、生存権を真に意味あるものとするためには、「健康で文化的な最低限度の生活」の内容は客観的に判定可能と解し、具体的権利説を妥当とすべきであろう。すなわち、その時々の社会の生産力水準、国民の所得水準・生活水準などの要素からある程度の客観化は可能と考えるのである。したがって、この基準に満たないと解される具体化立法の規定ないしそれに基づく行政庁の決定は違憲と解すべきである。

抽象的権利説を前提としても、具体化立法上の保護基準ないしこの立法に基づき行政庁が設定した保護基準が不当に低い場合に、違憲無効と判断されうる。また、生存権の自由権的効果によれば、具体化立法を廃止しあるいは正当な理由なくして保護基準を切り下げる措置もまた、違憲無効となりうる。それに加えて、具体的権利説に拠れば、具体化立法が存在しない場合でも、憲法から直接に扶助請求権が導き出せることとなる。この場合、司法上いかなる訴訟手段が可能であろうか。

❖生存権の救済方法

具体化立法が存在しない場合でも、立法不作為を国家賠償の問題として争う余地がある。①憲法の明文上ないし解釈上、国会に立法義務がある場合であり、②国会が立法の必要性を十分認識しそれが可能であったにもかかわらず、合理的期間を経過しても国会が立法しなかった場合には、その不作為が違憲となると解される（同旨、在宅投票制度廃止事件における札幌高判一九七八年五月二四日）。しかし、最高裁は、立法不作為の違法性の問題は、立法内容の違憲性の問題とは区別されるべきであり、「国会議員の立法行為は、立法の内容が憲法の一義的な文言に違反しているにもかかわらず国会があえて当該立法を行なうというごとき、容易に想定し難いような例外的な場合でない限り」、違法の評価を受けないと判示し、司法救済の途を閉ざした（最判一九八五年一一月二一日）。その後も同様の判断が繰り返された。

もっとも、近時、「立法の内容又は立法不作為が国民に憲法上保障されている権利を違法に侵害するものであることが明白な場合や、国民に憲法上保障されている権利行使の機会を確保するために所要の立法措置を執ることが必要不可欠であり、それが明白であるにもかかわらず、国会が正当な理由なく長期にわたってこれを怠る場合などには、例外的に」、立法行為・立法不作為は違法の評価を受けると述べ、例外を拡大する方向性を示した（在外国民選挙権剝奪事件についての最大判二〇〇五年九月一四日）。生存権訴訟についても、この方向を追求することが望まれる。

他方、立法不作為違憲確認訴訟（前記のもう一つの具体的権利説）についてはどうか。この説が主張された当時の訴訟法では、この訴訟手段が明文で規定されていなかったため、「行政事件訴訟法」上の無名抗告訴訟として認められるとする見解や新たな訴訟制度の創設が必要であるとする見解等が主張されていた。しかし、最高裁は、在外国民選挙権剝奪事件で、上告人らの訴えを「公法上の法律関係に関する確認の訴えその他の公法上の法律関係に関する訴訟」(「行政事件訴訟法」四条)として適法と認め、立法行為の違憲確認訴訟を認める道を開くに至った(前掲最大判二〇〇五年九月一四日)。この方法でも、具体的権利説の可能性が切り開かれていくべきであろう。

❖違憲審査基準

抽象的権利説に立つ場合であっても、具体化立法の違憲性を問うことは可能であり、司法審査の際にどのような判断基準で当該立法の合憲性を判断すべきかが問題となる。この点、二五条一項と二項の関係について、二五条二項を「国の事前の積極的防貧政策をなすべき努力義務のあること」を定めたものと解し、同条一項は、防貧政策の実施からさらに「落ちこぼれたものに対し、国は事後的、補足的且つ個別的な救貧施策をなすべき責務のあること」を宣言したものと解し、二項の内容について広い立法裁量を認める判決が存する(堀木訴訟に関する大阪高判一九七五年一一月一〇日)。この考え方では、一項と二項とで審査基準が異なることとなる。

しかし、この見解では、防貧規定に位置づけられるはずの障害福祉年金や児童扶養手当については、救貧施策のあり方次第では実質的には救貧施策の一環として理解されるべき場合があることを説明できない。したがって、二五条一項と二項を一体的にとらえ、一項は生存権保障の目的・理念を定めたものであり、二項はその目的達成のための国の責務を定めたものと解すべきである。この立場によれば、①「健康で文化的な最低限度の生活」の保障を求める権利と、②より快適な生活の保障を求める権利との根拠（広義の生存権）は、ともに一項に求めることとなろう。

そのうえで、いかなる審査基準を妥当と解すべきか。堀木訴訟で、最高裁は広い立法裁量論を採り、「著しく合理性を欠き明らかに裁量の逸脱・濫用とみざるをえないような場合を除き、裁判所が審査判断するのに適しない」と判断した（前掲最大判一九八二年七月七日）。しかし、これでは、生存権訴訟において司法救済が受けられなくなってしまうため、学説上批判が強い。生存権の内容に応じて異なる審査基準を採るべきであろう。「健康で文化的な最低限度の生活」を保障する権利の具体化立法については、それが客観的な水準を要求するものであるため「厳格な合理性の基準」で判断し、広義の生存権の具体化立法については「明白の基準」で判断すべきである。後者の場合には、支給額や支給対象等の客観的判定が困難であり、立法裁量が広くなると解されるからである。

3　教育を受ける権利

❖教育を受ける権利の法的性質

教育を受ける権利は、生存権と同様、自由権的側面と社会権的・請求権的側面を有する複合的性格の権利である。自由権としての教育を受ける権利を前提に、国家に対して合理的な教育制度の整備と適正な教育とを要求する権利の側面をも含む。請求権的側面の教育を受ける権利は、抽象的権利に止まると解されている。もっとも、憲法二六条二項後段の義務教育無償規定の法的性格については、注意が必要である。最高裁は、義務教育無償規定について、授業料の無償を具体的権利として規定したものと判示した（最大判一九六四年二月二六日。なお、授業料無償説のほかに、無償範囲法定説や、教育上必要な一切の費用の無償とする一切無償説がある）。

また、教育を受ける権利の自由権的側面として、国民は自己の人格形成・発展のために、自由な学習の機会を保障されなければならず、また、学習の自由権を侵害するような国家介入の排除も保障されなければならない。これは、具体的権利性をもつものと認めるべきである。全国学力テストの違法性が問題となった旭川学テ事件で、最高裁が次のように述べた趣旨も、そのことを指摘したものと解される（最大判一九七六年五月二一日）。「教育に……政治的影響が深く入り込む危険があることを考えるときは、教育内容に対する……国家的介入についてはできるだけ抑制的であることが要請されるし、……子供が自由かつ独立の人格として成長することを妨げるような国家的介入、例えば、誤った知識や一方的な観念を子供に植えつけるような内容の教育を施すことを強制するようなことは、憲法二六条、一三条の規定上からも許されない」。

教育を受ける権利の問題は、子どもの教育を受ける権利と国家の教育を施す義務のほかに、親権者の子どもに教育を施す自由（憲法一三条）と義務（憲法二六条二項）、教師の教育の自由（憲法二三条）も関係し、複雑な状況を呈しているところにある。したがって、教育を受ける権利の問題は、子ども、国家、親権者、教師それぞれの権利・義務相互の関係に関わるものといえよう。

❖学習権の保障と教育の機会均等

教育を受ける権利の内容として、第一に、学習権をあげることができる。これは、個人が教育を受けて学習し、人間的に発達・成長していく権利を意味する。学習権の概念は、現在では、教育を受ける権利の基底にあるものと理解されている。最高裁も、旭川学テ判決で次のように述べて学習権の観点から憲法二六条を解釈した（前掲最大判一九七六年五月二一日）。憲法二六条の「規定の背後には、国民各自が、一個の人間として、また、一市民として、成長、発展し、自己の人格を完成、実現するために必要な学習をする固有の権利を有すること、特に、みずから学習することのできない子どもは、その学習要求を充足するための教育を自己に施すことを大人一般に対して要求する権利を有するとの観念が存在していると考えられる」。このように、判例においても、教育を受ける権利は学習権を保障したものと解されているのである。

教育を受ける権利の第二の内容として、教育の機会均等がある（二六条一項）。これは、憲法一四条の平等原則が教育の場面についても妥当することを再確認したものと解される（「教育基本法」四条参照）。また、教育の場での形式的平等だけではなく実質的平等を確保するための「合理的な区別」は許容される趣旨と解される。したがって、各人の適性や能力の違いに応じて異なる内容の教育を施すことは、憲法上禁止されていない。

さらに、教育を受ける権利は、一般的平等原則の確認を越えて、次の二つの教育の機会均等をも含むと解すべきであろう。まず、①経済面での教育条件整備要求権（奨学金など）である。経済的理由によって修学が困難な児童・生徒に対して、学習権を実質的に保障するために必要な措置を講じることが必要である。憲法二六条二項の義務教育無償規定は、この意味での要求権の最低限を具体化したものと理解すべきである。次に、②心身の発達機能に応じた教育のための教育条件整備要求権である。学習権を中心とする教育を受ける権利の具体化という観点からすれば、経済面での教育条件整備要求権だけでは十分でない。一般的な平等原則を前提としつつも、各人の適性や能力に応じた取扱いの違いを求めうることは、憲法二六条一項によって保障されているといえる。

②に関し、身体障害者の普通高等学校への入学が不許可とされたケースがある。その不許可処分の取消訴訟において、神戸地裁は、障害を有する児童も、「社会生活上あらゆる場面で一人の人格の主体として尊重され、健常児となんら異なることなく学習し発達する権利を保障されている」と述べて原告の請求を認めた（神戸地判一九九二年三月一三日）。障害を有する児童を受け入れる設備を備えながら入学を不許可とした学校の措置を形式的平等に反すると判断したものと解されよう。

❖教育権の所在

教育を受ける権利を学習権の観点から理解するとしても、教育の内容や方法を誰が決定できるかという問題は、当然に明らかになるわけではない。この教育権（教育内容決定権）の所在という問題をめぐっては、「国家教育権説」と「国民教育権説」とが対立してきた。前者によれば、国家は主権者たる国民の政治的信託に基づき、教育内容を定める権限をもつ（第一次家永訴訟での東京地判一九七四年七月一六日＝高津判決）。他方、後者によれば、教育権は親・教師等、国民の側にあるとされる（第二次家永訴訟での東京地判一九七〇年七月一七日＝杉本判決）。

もっとも、最近は、両説とも極端な立場であり、教師に一定の自由を認めると同時に国の側にも一定の権能を認めるべきと解されている。最高裁は、子どもの教育に関心をもつ「関係者らのそれぞれの主張のよって立つ憲法上の根拠に照らして各主張の妥当すべき範囲を画するのが、最も合理的な解釈というべきである」と述べ、親、教師、私立学校、国家それぞれの自由や権限の範囲を確定している（前掲最大判一九七六年五月二一日）。この最高裁の立場は、基本的に妥当なものと評価されている。教育への国家介入が合憲かどうかは、それぞれの関係に応じて個別具体的に検討することとなろう。

この点に関連して、学習指導要領にしたがわないで教育を実践した教師に対し懲戒処分を下したところ、その効力が争われた伝習館事件がある。ここでは、学習指導要領自体が法的拘束力をもつものと認められるのかどうかが問題とされた。最高裁は、学習指導要領が大綱的基準として法的拘束力をもつとする旭川学テ判決を先例として引用し、「高等学校学習指導要領……は法規としての性質を有するとした原審の判断は、正当として是認することができ、右学習指導要領の性質をそのように解することが憲法二三条、二六条に違反するものでない」とした（最判一九九〇年一月一八日）。

この判決を前提とすれば、学習指導要領が法的拘束力をもつとしても、大綱的基準の枠を超えるような内容である場合には、それに反する教育をしたことを理由とする懲戒処分は許されないと解される。また、「国旗・国歌法」の制定（一九九九年）にともない学習指導要領に盛り込まれた入学式・卒業式での「国旗」掲揚および「国歌」斉唱については、都道府県教育委員会による実施強要、また、したがわない教師に対する懲戒処分が問題となっている。国家による不当な介入、ひいては思想・良心の自由への侵害と理解すべきであろう（もっとも、最高裁は、入学式で君が代のピアノ伴奏を拒否した教師に対する処分を違憲ではないと判断した。最判二〇〇七年二月二七日）。

4　勤労の権利と労働基本権

❖勤労の権利と労働基本権の保障内容

勤労の権利（二七条）と労働基本権（二八条）は社会権の性質を有するものと解されている。このうち、勤労の権利は、就業の機会がえられるよう国に対して配慮を求める権利、また、就職できない場合に雇用保障制度等を通じて適切な措置をとることを要求する権利である。この権利は、社会権の性質を有する点および憲法が資本主義経済を前提としていると解される（したがって、労働者の採用・不採用は使用者の自由である）点から、抽象的権利に止まるものと解さなければならない。また、私人間（使用者と労働者）効力を有すると解すべきかどうかという問題があるが、勤労の権利の私人間効力を認め、使用者の解雇権が労働者の勤労の権利によって制約されると解する見解が有力である。

他方、労働基本権は、労働者の団結権（労働条件の維持・改善を目的とした団体を結成する権利）・団体交渉権（労働者団体が労働条件について使用者と交渉する権利）・争議権（労働条件の維持・改善を実現するために、業務の正常な運営を阻害する権利）を含んでいる。労働基本権の保障は、①正当な争議行為を刑事制裁の対象とすることの禁止（刑事免責）、②労働基本権を制限する契約は無効、事実行為による侵害は違法であり、また、正当な争議行為は債務不履行とも不法行為ともならないという点（民事免責）、③労働基本権の保障を確実にする積極的措置を国に対して要求する権利の保障（「労働組合法」上の労働委員会による救済等）を意味する。

❖団結権の限界

団結権の限界としては、組織強制（加入強制と統制権）の問題がある。まず、組合の加入強制（組合加入を雇用条件とするクローズド・ショップ、組合に加入しない者や組合から脱退または除名された者を解雇するというユニオン・ショップ）は、労働者の結社の自由・結社に加入しない自由・脱退の自由（憲法二一条）を侵害し違憲といえないかが問題となる。組合が組合員の団結権を基礎として団体行動をとることを使命とするという特性からすれば、結社の自由に比べてより強度の権限を保障されていると解することができ、合憲と解すべきである。ただし、加入強制にも限界があり、脱退の自由をまったく否定することは許されず、また、一つの企業に複数の組合が併存する場合には、他の組合に所属しているものに対してユニオン・ショップ協定の効力は及ばないと解すべきである。

次に、組合の統制権についても、憲法上認められるかどうかが問題となる。組合の統制権とは、労働組合が正当な団体行動を行うにあたり、労働組合の統一と一体化を図り、その団結力の強化を期するため、組合員の行動に規制を加えることをいう。この点、判例は、「憲法二八条による労働者の団結権保障の効果として、労働組合は、その目的を達成するために必要であり、かつ、合理的な範囲内において、その組合員に対する統制権を有するものと解すべきである」（最大判一九六八年一二月四日）。この「合理的な範囲内」の解釈について、組合の統制権が組合員個人の立候補の自由、政治活動の自由、思想・良心の自由を侵害する限りで、行使できないと解される（前掲最大判一九六八年一二月四日）。

また、他の組合の闘争支援資金、安保反対の政治的活動のための費用、特定の立候補者支援のために政党に寄付する資金を納入するよう求めた組合の請求の効力が争われた国労広島地本事件がある。最高裁は、組合員の協力義務と組合の統制権との調整という視点から、「問題とされている具体的な組合活動の内容・性質、これについて組合員に求められる協力の内容・程度・態様等を比較考量し、多数決原理に基づく組合活動の実効性と組合員個人の基本的利益の調和という観点から、組合の統制力とその反面としての組合員の協力義務の範囲に合理的な限定を加えることが必要である」と判断した（最判一九七五年一一月二八日判決）。

❖公務員の争議権の制限

公務員には、労働基本権の保障につき特別の制限が設けられている。①警察・消防・海上保安庁の職員、自衛隊員等には労働三権すべてが否認されている。②非現業の国家公務員・地方公務員には団結権のみが認められ、団体交渉権の制限、争議権の否認が規定されている。③独立行政法人等や地方公営企業の地方公務員には、団結権と団体交渉権が認められているが、争議権が認められていない。結局、すべての公務員には争議行為が禁止されており、禁止規定に違反すれば懲戒処分の対象となるだけでなく、争議行為の遂行を共謀したりあおったりした場合には刑事罰の対象となる。加えて、郵政職員の場合には、その争議行為に対して郵便物不取扱罪（「郵便法」七九条一項）が適用されてきた。

初期の判例は、憲法一三条の「公共の福祉」と一五条の「全体の奉仕者」を根拠として、労働基本権の一律禁止を合憲と判断した。しかし、争議行為を禁止する「公共企業体等労働関係法」（現在の「特定独立行政法人等労働関係法」）一七条一項の合憲性、争議行為に対する「郵便法」七九条一項の適用の可否が争われた全逓《ぜんてい》東京中郵事件で、最高裁は、必要最小限度の原則を採用し正当な争議行為は刑事制裁を受けないとした（最大判一九六六年一〇月二六日）。また、地方公務員・国家公務員の事案では、争議行為の禁止およびあおり行為の処罰規定の合憲性に関し、処罰の対象となる行為は争議行為・あおり行為とも違法性の強いものに限られる、とする合憲限定解釈（「二重のしぼり」論）を採用した（東京都教組事件と全司法仙台事件に関する最大判一九六九年四月二日）。

しかし、近時の判例は、労働基本権の一律・全面的な制限も合憲と判断している。全農林警職法事件で、最高裁は、全逓東京中郵判決等の必要最小限度の原則・合憲限定解釈の論理をくつがえすに至った。その理由として、①公務員の勤務条件は法律や予算によって定められるため、公務員の争議行為は議会制民主主義に反すること、②公務員の争議行為には市場の抑制力が働かず、一方的に強力な圧力となること、③人事院制度等の代償措置があること等をあげている。さらに、④「二重のしぼり」論のごとき合憲限定解釈は、犯罪構成要件の保障的機能を失わせ、憲法三一条に違反する疑いがあるため変更を免れないとされた（最大判一九七三年四月二五日）。この判決には批判も多い。

TOPIC

「貧困」問題と政権交代の影響

自民党政権下で進められてきた規制緩和や福祉の切り下げによる「格差」や「貧困」は、

多くの問題として現れた。たとえば、親が国民健康保険料を滞納したため保険証の返還を求められ、公的医療保険を使えない中学生以下の子どもが三万人を超えるという報道もなされた（ただし、「国民健康保険法」が改正され、二〇〇九年四月から、滞納世帯でも、中学生以下の子どもには六か月間有効な短期保険証を一律に交付することとされた）。また、七五歳以上の高齢者を対象とする「後期高齢者医療制度」は、保険料を年金から天引きする一方で、高齢者が十分な医療を受けにくくなるものとなっており、多くの批判を受けている。加えて、「リーマン・ショック」に始まる世界的な金融危機の影響で国内経済も収縮し、製造業等を中心に「派遣切り」や新卒者の「内定取消」等の影響が生じている。

もっとも、二〇〇九年八月の政権交代後、さまざまな見直しがなされている。厚生労働省は、後期高齢者医療制度の廃止と新たな制度へ移行することを明らかにしているし、生活保護の一人親世帯を対象に行われていた「母子加算」（二〇〇五年四月から段階的に減額・廃止された）も、二〇〇九年一二月から復活した（母子加算廃止の違憲性を問う訴訟も提起されていたが、訴訟の原告団と厚生労働省は、訴訟を終結させる合意書を交わし、原告側が訴えを取り下げた。ただし、「老齢加算」については復活されておらず、訴訟は継続している。東京地判二〇〇八年六月二六日等。そのうち、福岡高判二〇一〇年六月一四日は、保護基準の改定が裁量権の逸脱・濫用として「正当な理由」のない不利益変更に当たると述べて、控訴人の請求を認容しており、訴訟の行方が注目される）。また、「障害者自立支援法」（二〇〇六年四月施行）についても、平等権を侵害する等として全国で訴訟が提起されたが、一部の訴訟を除き和解が成立し、同法は廃止されることとなった。

（高作 正博）

第11章　デュー・プロセスと司法

1　人身の自由と適正手続の保障

❖人身の自由の保障内容

人身の自由とは、不当に身体の拘束を受けない自由を意味する。憲法は、人身の自由の保障として、奴隷的拘束からの自由と苦役からの自由とを規定している（一八条）。「奴隷的拘束」というのは、身体を拘束されたまま、あらゆる人権の享有を否定され、非人間的状態に置かれることをいう。このような拘束は、いかなる理由があろうが許されるはずはなく、「公共の福祉」（一三条）を根拠とする制約も認められない。したがって、犯罪を犯した場合の刑罰としても許されないと解される。他方、「苦役」とは、普通人を基準に通常以上に苦痛を感じるような任務をいう。苦痛は主観的な要素を排除することができないため、憲法は「意に反する苦役」を禁止した。また、必要があれば制約も認められるため、「犯罪に因る処罰の場合を除いては」と例外が定められている。この例外は限定列挙であり、苦役からの自由に対する制約は、「犯罪に因る処罰の場合」以外には認められないと解すべきである。

「苦役」に該当するものとして違憲ではないかが問題となりうるものに、徴兵制や非常災害時における救援活動等への従事命令、さらには裁判員制度等があげられる。まず、徴兵制に基づく兵役義務は、憲法上明記されておらず、また、一定の役務への従事が本人の意思に反して強制されるものであることから、「苦役」に該当し、違憲と解すべきである（通説・政府見解）。他方、「災害救助法」等に基づく従事命令については、一般に合憲と解されている。ただし、その理由については、「公共の福祉」に照らし、当然に負担すべきものとして社会的に認められる範囲内のものだとする見解がある（政府見解）。しかし、一八条の趣旨は、「犯罪に因る処罰の場合」以外には「公共の福祉」に基づく制限を認めないものと解すべきであるから、この見解は妥当ではない。むしろ、災害時に一時的に救助活動等に従事することは、普通人が通常以上に苦痛と感じるような役務ではなく、「苦役」に該当しないことを理由とすべきであろう。

裁判員制度についてはどうであろうか。司法制度改革の成果として開始された裁判員制度については、一定の辞退事由に該当しなければ拒否できないことや刑事罰のついた守秘義務を一生課せられること等から「苦役」に該当し、違憲ではないかが問題となろう。この点、国民が国政のあり方に最終的な責任を負うことを求める国民主権原理からは、司法という国政のあり方に国民が一定の公的任務を引き受けることも許容されると解されること、また、自由を保護すべき司法に国民が参加することによってこそ、自由保障を維持しうると解されること等を指摘して、合憲とする見解がある。かりにそのような必要性・正当性が認められるとしても、負担の程度や辞退事由の認定など、運用上「苦役」に該当し、違憲となる場合もありうると解されよう。

❖刑事手続上の権利と適正手続の保障

憲法は、刑事手続上の権利として次の諸規定を定めている。①適正手続の保障（三一条）、②不法な逮捕・抑留・拘禁からの自由（三三条・三四条）、③不法な捜索・押収からの自由（三五条）、④拷問・残虐刑の禁止（三六条）、⑤公平な裁判所の迅速な公開裁判を受ける権利（三七条一項）、証人審問権・証人喚問権（同条二項）、弁護人依頼権（同条三項）、⑥不利益供述強要の禁止（三八条一項）、自白の証拠能力の制限（自白排除法則、同条二項）、自白の補強証拠の要求（自白補強法則、同条三項）、⑦遡及処罰の禁止・二重の危険の禁止（三九条）である。

このうち、憲法三一条は、「法律の定める手続によらなければ」生命・自由を奪われたり、刑罰を科されないと規定する。本条の保障内容については諸説あるが、手続についても実体についても法定されていなければならず、かつ、その内容は適正なものでなければならないとする説（適正手続・適正実体説）が妥当な解釈だろう。

手続の法定は明文上明らかであるが、手続内容の適正性、実体要件の法定および適正性はそれぞれ次のように説明される。①手続内容の適正性とは、告知・聴聞・防御の機会の実質的保障を意味する（第三者所有物没収事件に関する最大判一九六二年一一月二八日）。②実体の法定とは、罪刑法定主義を意味する。③実体の適正性とは、刑罰規定の明確性、罪刑の均衡、刑罰の謙抑主義を意味する。

上記の適正手続・適正実体説を妥当とする理由は次の三つである。第一に、どんな手続でも法律で規定しさえすればよいというのでは、人権に対する不当な侵害を阻止することができない（手続内容の適正性を要求する根拠）。第二に、遡及処罰の禁止（憲法三九条）や政令による罰則規定の制限（七三条六号）からは罪刑法定主義は当然の前提とされており、あえて三一条をもち出す必要はない、とする立場もあるが、このような重要な原則が憲法上黙示的にしか定められていないという解釈には疑問が残る（実体要件の法定を要求する根拠）。第三に、実体要件の適正性の問題がすべて他の憲法条項によって規定されているとは断定しえない（実体の適正性を要求する根拠）。

❖適正手続の保障と行政手続

憲法三一条による適正手続の保障が行政手続にも保障されるかについては争いがあるが、同条の文言が「その他の刑罰を科せられない」となっていることからして、行政手続の適正手続保障の根拠は一三条に求めるべきであろう。ただし、行政手続のなかにもその性質から三一条を準用すべき場合があると解される。たとえば、「精神保健法」上の知事による措置入院のような身体の自由を奪う行政処分、あるいは、「刑罰」としての罰金・科料と実質的に同視しうる秩序罰や執行罰としての「過料」である。

いわゆる成田新法に基づく不利益処分の取消が争われた事件で、最高裁判所は、憲法三一条の適正手続の保障が刑事手続以外にも適用されうることを認める一方、告知・弁解・防御の機会を常に与えることを必要とするものではなく、利益較量により決すべきとし、命令の相手方に対し、事前に告知・弁解・防御の機会を与える旨の規定がない本法については、憲法三一条の法意に反するものということはできない、と述べた（最大判一九九二年七月一日）。「行政手続法」が制定されたことで、不利益処分に際しての告知・聴聞の機会の保障が原則とされた。しかし、同法自体が適用除外規定を置いており、法律による手続保障が及ばない領域が存在する状況は変わっていない。その限りでは、依然として本判決の先例としての意義は失われてはいないものと解される。また、本判決の趣旨は、侵害処分以外の行政行為についても適用があるかが問題となる。最高裁は申請許可手続に関し、①原子炉設置許可処分手続に関する判決（最判一九九二年一〇月二九日）および②教科書検定手続に関する判決（最判一九九三年三月一六日）において、成田新法判決にならった判断を示している。

2　被疑者の権利

❖不当逮捕からの自由と令状主義

憲法三三条および三四条は、刑事手続において、人の身体の拘束からの自由を保障している。まず、三三条は、「現行犯として逮捕される場合を除いて」、一定の要件を備えた令状がなければ「逮捕」されない令状主義の原則を規定する。ここで、「逮捕」とは、犯罪の嫌疑を理由とする身体の拘束を意味する。刑事訴訟法には、「逮捕」（同法一九九条）の規定があるが、憲法上の逮捕は、これに限られず、「勾引」（同法五八条）、「勾留」（同法六〇条、二〇四条以下）、「鑑定留置」（同法一六七条）をも含むものと解される。憲法は、人の逮捕には、「権限を有する司法官憲が発し、且つ理由となつてゐる犯罪を明示する令状」がなければならないと規定する。令状主義を定めた趣旨として、①犯罪の捜査を担当する警察や検察以外の機関に逮捕理由の有無の判断権を与えることで、不当逮捕を抑止しようとしたこと、②被逮捕者に逮捕理由を明示することで、防御権を保護しようとしたことをあげることができる。

令状主義には憲法が定める例外があり、「現行犯」の場合には令状は不要とされる。現行犯とは、現に犯罪を行い、または現に犯罪を行い終わった者をいう。現行犯の場合に令状が不要とされるのは、目の前で行われた犯行であるため、誤った逮捕をしてしまうおそれがなく、また、逃亡や罪証隠滅を阻止するために緊急性があるからである。ただし、刑事訴訟法二一二条二項は、令状主義の例外をさらに拡張し、「犯人として追呼されているとき」等、「罪を行い終つてから間がないと明らかに認められるときは、これを現行犯人とみなす」と規定する。この「準現行犯」が、憲法が規定する現行犯に含まれるかどうかが問題とされる。この点については、「罪を行い終つてから間がないと明らかに認められるとき」と厳格な要件が規定されているため、警察官等による濫用のおそれもなく、また逮捕の必要性も高いことから、合憲と解されている。

❖令状主義と緊急逮捕

令状主義の原則からすれば、令状は逮捕の前にとっておく必要がある。しかし、刑事訴訟法二一〇条は、「死刑又は無期若しくは長期三年以上の懲役若しくは禁錮にあたる罪を犯したことを疑うに足りる充分な理由がある場合で、急速を要し、裁判官の逮捕状を求めることができないときは、その理由を告げて被疑者を逮捕することができる」と規定し、逮捕後に逮捕状の請求を行う緊急逮捕を認めている。これは、憲法に反しないのであろうか。この点、違憲説も主張されているが、判例は、「厳格な制約の下に、罪状の重い一定の犯罪のみについて、緊急已むを得ない場合に限り、逮捕後直ちに裁判官の審査を受けて逮捕状の発行を求めることを条件とし、被疑者の逮捕を認めることは、憲法三三条規定の趣旨に反するものではない」とする（最大判一九五五年一二月一四日）。しかし、「厳格な制約」を規定することが合憲となるための正当な理由とはなりえず、これだけでは緊急逮捕の合憲性を基礎づけることは難しい。

この判決における補足意見には、「『現行犯として逮捕される場合を除いては』とある規定……は、アメリカ憲法修正第四条と同じく、合理的な捜索、逮捕、押収等を令状を必要とする保障から除外する趣旨と解すべき」であるから「緊急逮捕の場合をも包含するものと解するを相当」とするもの（斎藤悠輔裁判官の補足意見）、また、令状主義の例外は、「現行犯に限らず、その以外の右に準ずる場合についても考えられるところであつて……緊急逮捕は、あたかもその場合にあたるものとして認められたものと解釈される」とするもの（小谷勝重裁判官・池田克裁判官の補足意見）が付けられている。しかし、例外としての「現行犯」概念を緊急逮捕にまで拡張することは妥当でなく、また、この解釈では、そもそも令状自体を不要とすることとなり、問題である。そこで、逮捕後にすぐに逮捕状が発せられる限りにおいて、逮捕全体を総合的に眺めることで逮捕状に基づく逮捕として合憲と解すべきであろう。

❖不法な抑留・拘禁からの自由

憲法はまた、一定の要件を備えなければ「抑留」も「拘禁」もされない旨規定する（三四条）。抑留とは、比較的短期の身体の拘束をいい、拘禁（刑事訴訟法上の「勾留」）とは、比較的長期の身体の拘束をいう。逮捕との異同について、抑留と拘禁は、逮捕に続く身体の拘束の時間に着目した概念であるのに対し、逮捕は、時間をともなってはおらず、身体を拘束する行為自体を意味する点に違いがある。刑事訴訟法は、逮捕後四八時間以内での検察官への被疑者の送致を警察官に義務づけ、また、被疑者を受けとった日から二四時間以内での裁判官への勾留請求を検察官に義務づけている（二〇三条以下）。したがって、法律上、「抑留」は七二時間までの身体の拘束を意味するものとして取り扱われていることとなる。

憲法三三条は、抑留・拘禁を行う条件として、「理由を直ちに告げられ、且つ、直ちに弁護人に依頼する権利を与へられ」ることを定め、また、「正当な理由がなければ、拘禁されず、要求があれば、その理由は、直ちに本人及びその弁護人の出席する公開の法廷で示されなければならない」と規定している。ここでは、①抑留・拘禁の理由の告知を受ける権利、②弁護人依頼権、③公開法廷での拘禁理由開示請求権が保障されている。

❖不法な捜索・押収からの自由と令状主義

憲法三五条一項は、「住居、書類及び所持品について、侵入、捜索及び押収を受けることのない権利」を保障し、プライバシーを保護する規定を置いた。また、この権利を制約できる場合として、「正当な理由に基いて発せられ、且つ捜索する場所及び押収する物を明示する令状」による場合をあげて令状主義を規定し、さらに、令状主義の例外として「第三十三条の場合」を明示する。捜索・押収について令状主義の原則を規定した趣旨として、①「正当な理由」の有無について裁判所が事前に審査できるようにしたこと、②「捜索する場所及び押収する物」の明示を要求することで、捜索・押収令状はその都度発せられなければならず、いわゆる「一般令状」（場所や物を特定しないで、警察の思い通りに捜索・押収することを認めるもの）を禁止したこと、③理由・捜索場所・押収物を明示することで、被捜索者・被押収者の防御権を保障しようとしたことをあげることができる。

令状主義の例外である「第三十三条の場合」とはどのような意味であろうか。これは、三三条による逮捕の場合という意味であり、令状による逮捕の場合および現行犯逮捕の場合を含むと解されている。したがって、三三条による逮捕の際には、三五条の令状がなくても捜索・押収できる。これは、逮捕状が出ていれば、裁判官の事前審査が行われたとみることができるし、現行犯逮捕の際の捜索・押収は、それに直接付随する権力行為として是認されると解されうるからである。ただし、緊急逮捕についても「第三十三条の場合」に該当し、令状なしの捜索・押収が許されるかについては問題がある。緊急逮捕は逮捕時において裁判所による事前審査を経ておらず、令状のないまま捜索・押収まで認めることは、憲法が規定する令状主義から大きく逸脱するからである。しかし、刑事訴訟法二二〇条一項後段は、緊急逮捕の場合に「被疑者を逮捕する場合において必要があるとき」は、「逮捕の現場で差押、捜索又は検証をすること」ができると規定し、これを認めている。

この点、緊急逮捕を違憲と解する見解によれば、当該規定を違憲とし、緊急逮捕時の捜索・押収についても令状を必要と解することとなろう。他方、判例は、憲法三五条が三三条の場合に「令状主義の例外を認めているのは、この場合には、令状によることなくその逮捕に関連して必要な捜索、押収等の強制処分を行なうことを認めても、人権の保障上格別の弊害もなく、且つ、捜査上の便益にも適なうことが考慮されたによるものと解される」のであり、緊急逮捕時の捜索・押収を認める刑事訴訟法二二〇条一項後段は、「緊急逮捕の場合について憲法三五条の趣旨を具体的に明確化したものに外ならない」と述べ合憲としている。加えて、刑事訴訟法上の「逮捕する場合において」は、「逮捕との時間的接着を必要とするけれども、逮捕着手時の前後関係は、これを問わないものと解すべきであ」るとし、緊急逮捕に先行して行われた捜索・差押も合憲・適法とした（最大判一九六一年六月七日）。しかし、横田喜三郎裁判官等の意見でも指摘されているように、本件は、犯人が不在で、すぐに帰宅するかどうか不明な段階での捜索・押収であり、時間的接着性があったとはいえず、憲法三五条に反するものと考えるべきであろう。

❖行政手続への適用

行政庁が行政に必要な情報を収集するために、他人の家屋に立ち入ったり、検査を行うことが認められる場合がある。これを行政調査という。行政調査は犯罪捜査とは異なるものであるが、憲法三五条の令状主義が適用されるかどうかが問題となろう。

この点、最高裁は、税務署職員による質問検査に抵抗・拒否した行為に刑事罰を科す旧「所得税法」の合憲性が争われた川崎民商事件で、憲法第三五条および三八条一項の保障を認めつつ、次のように述べている（最大判一九七二年一一月二二日）。①収税官吏の検査は、もっぱら行政目的によるものであり、刑事責任の追及を目的とする手続ではない（目的）、②右検査が、実質上、刑事責任追及のための資料の取得収集に直接結びつく作用を一般的に有するわけではない（刑事手続との関係）、③強制の態様は、実質上、直接的物理的な強制と同視すべき程度にまで達してはいない（強制の程度）、④その目的、必要性からして、右の程度の強制は、実効性確保の手段として不均衡、不合理なものとはいえない（均衡・合理性）、したがって、⑤裁判官による令状を要件とせず、不答弁をも罰するとしても、憲法三五条・三八条一項には違反しない。

しかし、判例のいう基準では、憲法が行政手続に適用される余地はほとんどない。行政調査によってえた資料の使用は、行政目的のためにのみ認められ、刑事責任追及のためには認められないと解するのが妥当であろう。

3 被告人の権利

❖裁判に関する権利

憲法三二条は、「裁判を受ける権利」を規定し公正な裁判を保障するが、その具体化として、「公平な裁判所」の「迅速」な「公開裁判」を受ける権利（三七条一項）、証人審問権・証人喚問権（同条二項）、弁護人依頼権（同条三項）を規定する。ここでは、前三者について説明する。

まず、「公平な裁判所」とは、「構成其他において偏頗の惧なき裁判所」と解される（最大判一九四八年五月五日）。とくに、被告人の側からみて公平さを疑わせるような組織・手続が排除される必要がある。憲法で裁判官の独立（七六条三項）が保障され、刑事訴訟法では起訴状一本主義、当事者主義、裁判官の除斥・忌避等が規定され、この趣旨が明確にされている。

「迅速」な裁判については、長期に及ぶ裁判による精神的・肉体的負担から被告人を解放することが要求されるが、どれくらいの期間であれば迅速といえるかが不明であるし、慎重さを欠く裁判が公正さを備えるものでないことも確かである。結局、事案の性質や内容その他の諸般の事情を考慮して決するほかはない（最判一九四九年三月一二日）。また、「迅速」な裁判を受ける権利が侵害された場合、どのような処理がなされるべきかも問題となる。初期の判例は、これが被告人の具体的な権利を規定したものではなく、裁判官等の道義的な義務を定めたにすぎない訓示規定とする立場から救済を否定し、また、立法者もこの権利を具体化する規定を定めることはなかった。

しかし、審理の中断が一五年にも及んだ高田事件で、最高裁は次のように述べて「判決で免訴の言渡をするのが相当」とした（最大判一九七二年一二月二〇日）。「当裁判所は、憲法三七条一項の保障する迅速な裁判をうける権利は、……個々の刑事事件について、現実に右の保障に明らかに反し、審理の著しい遅延の結果、迅速な裁判をうける被告人の権利が害せられたと認められる異常な事態が生じた場合には、これに対処すべき具体的規定がなくても、もはや当該被告人に対する手続の続行を許さず、その審理を打ち切るという非常救済手段がとられるべきことをも認めている趣旨の規定であると解する」。

「公開裁判」を受ける権利は、密室裁判にともなう弊害を避けるため、裁判を公開にすることで公正さを確保しようとするものである。憲法三七条一項は、これを被告人の権利として規定しており、八二条一項の公開裁判の原則と重複するようにも読める。しかし、両者は趣旨・目的を異にするものと解すべきであり、八二条は、被告人の権利を定めたものではなく、裁判に対する一般国民の信頼と裁判の公正さを確保しようとしたものと解される。したがって、八二条に個人的な自由・権利が含まれるとしても、それは、一般国民の傍聴の自由やマスメディアの報道の自由であると解すべきである（もっとも、最高裁は、同条が傍聴の自由や法廷でメモを取る権利まで保障するものではないとした。レペタ訴訟に関する最大判一九八九年三月八日）。

刑事訴訟法は、二〇〇〇年の法改正により刑事訴訟における被害者証人等に配慮して、「遮へい措置」（同法第一五七条の三）と「ビデオリンク方式」（同法一五七条の四）とを制度化した。これらは証人や被害者の保護に役立つ反面、公開裁判を受ける権利や証人尋問権との関係で違憲の疑いを生じるが、最高裁は、審理が公開されていることに変わりはなく、また、被告人が証人の姿をみながら供述を聞き、みずから尋問することができるため、合憲と判示した（最判二〇〇五年四月一四日）。

❖自白の強要からの自由

自白偏重の裁判は、取調の際の自白の強要や拷問へと結びつき、やがて冤罪の温床となってしまう。そうならないようにするために、憲法は、自白の強要からの自由を保障し（三八条）、拷問を禁止した（三六条。なお、「残虐な刑罰」の禁止については、第12章参照）。まず、憲法は、一般原則として、不利益供述強要の禁止を規定している（三八条一項）。ここでいう「自己に不利益な供述」とは、みずからの刑事裁判に関して有罪判決の基礎となる事実、また、量刑上不利益となる事実等の供述を意味する。氏名の供述がこれに該当するかどうかが問題となるが、一般には、該当しないと解されよう（最大判一九五七年二月二〇日）。ただし、氏名により、特定の犯罪事実の責任を問われうるような場合には、本条項の保障が及ぶと解すべきである。

「供述」とは、口頭で事実を述べることをいう。指紋や足形の採取、DNA鑑定自体は、犯罪に結びつく情報の取得をともなうものではあるが、供述には該当しない。麻酔分析は、被疑者がみずから供述するかしないかを判断する能力を奪うものであるから、「強要」に該当するものと解され、また、ポリグラフの使用も、取得されたデータが被疑者による返答と結びつけられることにより「供述」をしたものと取り扱われるものであるから、「強要」に該当し、ともに違憲と解すべきである。長年にわたって服役させられていた無実の男性が釈放された足利事件は、警察が取調の際に、問題のあったDNA鑑定の結果をもとに嘘の供述を強要したものであり、違憲の国家行為があったものと解すべきであろう。

なお、憲法は、不利益供述強要の禁止を補完するものとして、「強制、拷問若しくは脅迫による自白又は不当に長く抑留若しくは拘禁された後の自白」は証拠にできないとして、自白排除法則を規定し（三八条二項）、また、「自己に不利益な唯一の証拠が本人の自白である場合」には有罪として刑罰を科せられないとして、自白補強法則を規定している（三八条三項）。

❖行政手続への適用

行政上の目的から、法律で応答・申告・届出・記帳の義務が定められている。こうした行政上の諸義務についても、憲法三八条一項が行政手続に準用されると解する立場から、その合憲性を判断すべきである。

判例は、従来から実質上、非刑事手続にも保障が及ぶとする立場から、判断を示してきたといってよい。不法入国の外国人に対し、外国人登録申請義務を課すことの合憲性が問題となった事件（最大判一九五六年一二月二六日）、また、交通機関の操縦者、乗務員その他の従業者に対し、「道路交通取締法」上の報告義務を課すことの合憲性が問題となった事件（最大判一九六二年五月二日）では、憲法上の保障が及ぶことを前提に、当該義務が犯罪事実の申告を内容とするものではないという点に合憲判断の理由を求めていたからである。

この趣旨は、川崎民商事件で明確にされた（前掲最大判一九七二年一一月二二日）。「憲法三八条一項の法意が、何人も自己の刑事上の責任を問われるおそれのある事項について供述を強要されないことを保障したものであると解すべきことは、当裁判所大法廷の判例……とするところであるが、右規定による保障は、純然たる刑事手続においてばかりではなく、それ以外の手続においても、実質上、刑事責任追及のための資料の取得収集に直接結びつく作用を一般的に有する手続には、ひとしく及ぶものと解するのを相当とする。しかし、旧所得税法七〇条一〇号、一二号、六三条の検査、質問の性質」からして「右各規定そのものが憲法三八条一項にいう『自己に不利益な供述』を強要するものとすることはでき」ない。

TOPIC 時効廃止と遡及処罰の禁止

公訴時効とは、犯罪が行われた時点から一定期間経過すると、容疑者が判明しても起訴できなくなるとする制度である。これは、時の経過により証拠が散逸して真実発見が困難になるという訴訟法上の理由、また、犯罪の社会的影響が小さくなり、応報や改善など、処罰の必要性が減少するという実体法上の理由から設けられたものである。二〇一〇年四月に成立した公訴時効の法改正は、「加害者の逃げ得は許さない」とする犯罪被害者の声の高まりを受けて、殺人事件等につき公訴時効を廃止し、また、改正法が施行された時点で時効が完成していない過去の事件についても適用されることとなった。

しかし、公訴時効の廃止については、多くの批判もなされている。たとえば、①長期間の経過により事件関係者の記憶も薄れ、証拠の発見も困難となるなかで裁判を行うと、冤罪を生む可能性が高まってしまう、②証拠物の保管をどうするか、限りのある捜査力をどのように振り分けるか等、詰めた議論がなされていない、③二〇〇四年に法改正がなされ、時効期間が延長されたが、これによる捜査や裁判への影響ないし効果について検証がなされておらず、短期間での再改正をするのは妥当ではない等である。

さらに、憲法上の疑義も出されている。憲法三九条前段前半は、「何人も、実行の時に適法であつた行為……については、刑事上の責任を問はれない」と定め、遡及処罰の禁止を規定する。この規定について、刑罰規定の不遡及を規定するだけでなく、手続規定（訴訟法）の遡及適用も禁止するという趣旨かどうか問題となりうる。この点について、少なくとも、被告人の有罪判決に直接影響を与えるような重要な手続規定に限っては遡及処罰の禁止原則が及ぶと解すれば、公訴時効廃止の遡及適用には違憲の疑いを払拭することができない。

（高作 正博）

第12章　裁かれるいのち

1　死刑という刑罰

❖死刑制度は衰退しつつある

日本で死刑制度についての世論調査を行うと、おおむね八割の人が「場合によっては死刑もやむを得ない」と回答するようだ（内閣府による二〇〇四年の世論調査に基づく）。少なくとも先進国においては、日本人は最も熱心に死刑制度を支持している国民の一つだといってよいだろう。

ところが、世界の趨勢をながめてみると、死刑制度は明らかに衰退の方向にあるといえる。それがよいことか否かは別として、この事実は否定の余地がない。死刑執行数の減少、死刑を科する犯罪種数の減少、残虐な執行方法の減少、さらには公開処刑の減少など、死刑制度の衰退はいくつかの側面から指摘できるが、なかでも重要なのは死刑制度を存置する国そのものが減少傾向にあることだろう。アムネスティ・インターナショナルの調査によれば（二〇〇七年現在）、すでに九五か国が「あらゆる犯罪に対して死刑を廃止」し、九か国が「通常犯罪に対して死刑を廃止」している。さらに、一〇年以上死刑を執行していない「事実上の廃止国」三五か国を含めれば、世界の一三九か国が何らかのかたちで死刑制度の廃止に踏み切っている。隣国の韓国も「事実上廃止国」のなかの一国だ。これに対し、死刑存置国は五八か国、しかもその大半はアジア・アフリカの国々に集中している。アメリカは州によって存置州と廃止州に分かれるので、いわゆる先進国のなかで、国家レベルで死刑制度を存置しているのは日本だけだといってよい状況なのである。

こうした全般的な死刑制度の衰退傾向をふまえて、国連は、いわゆる「死刑廃止条約」（正式名称「死刑の廃止を目指す市民的及び政治的権利に関する国際規約の第二選択議定書」）を採択した（一九八九年一二月一五日総会）。この条約によれば、締約国の管轄内にある者は「何人も処刑されることがない」とされており（一条一項）、締約国は死刑廃止に向けて、あらゆる必要な措置を講じることが求められている。

本条約は、一九九一年七月一一日に批准国が規定数の一〇か国に達したことで発効したが、日本は採択についても反対したことから、当然に批准もしていない。政府は国連の人権委員会から死刑制度の廃止に向かうよう再三の勧告を受けているが（二〇〇八年の勧告で五回目）、「死刑は凶悪な犯罪に対して効果的な抑止力がある」として、目下のところ、死刑廃止の方向に向かう意図はないようだ。のみならず、後述するように、逆行の意図さえ窺われる。もはや「わが道を行く」といった感がある。

❖死刑はどのように行われているか

日本の死刑はどのように行われているのだろうか。死刑は刑務所または拘置所に付置された刑場で行われる。刑場の数は七か所、札幌、仙台、東京、名古屋、大阪、広島、福岡にあり、各高等検察庁および高等裁判所に対応している。

ボタン室から見た執行室
（写真提供：毎日新聞社）

死刑執行の方法にはガス殺、電気殺、注射殺などさまざまなものがあるが、日本の死刑執行方法は、一八七三年太政官布告第六五号以来、絞首とされている。現在では、首に縄を巻いた死刑囚が所定の位置に立つと床板が開いて地下に落ちる「地下絞架式」と呼ばれる方式だ。実際の執行は五名程度の刑務官によって行われる。刑務官が同時にボタンを押すと、そのうちのどれかが装置につながっていて床板が開くのだという。同時にボタンを押すのは刑務官の心理的負担を軽減する措置である。

ただ、死刑囚の生活や執行の方法などについては情報が公開されていないため、なお不明な点が多い。二〇〇七年以来、執行された死刑囚の氏名・執行場所・犯罪事実などを公開するようになっているが、かつては執行の事実それ自体も秘密にされていた。死刑の犯罪抑止力を強調するわりには、死刑に関する情報の公開には消極的だ。

❖日本における死刑の現状

先進国のなかでは「わが道を行く」感のある日本だが、それでも巨視的にみれば、やはり日本でも死刑制度の衰退をみることができる。現行の絞架式（ただし当時は、地上絞架式）となった一八七三年の執行数は九七〇件だったが、その後、一八八七年からは執行数が二桁台となり、三桁台に昇ることがなくなった。さらに、一九七七年からは一桁台となり、ついに九〇年から九二年までの三年間は執行数がゼロとなった。事実上の廃止に向かうのではないかという推測さえあったのである。また、死刑を定める犯罪種数の減少も指摘できる。一八八〇年に制定された刑法では二二種の犯罪に死刑が規定されていたが、現行刑法では、刑法典に一二種、特別刑法に五種の、あわせて一七種となっている。

しかし、注目すべきは近年の増加傾向だろう。それまで年間一～二件程度で推移していた執行数が二〇〇六年ころから増加傾向に転じ、ついに、〇八年には二桁台を記録した（一五件）。執行数が二桁に昇ったのは、実に三二年ぶりのことだ。死刑執行には法務大臣の命令が必要なので、執行数の増減には時の法務大臣の考え方も影響する。しかし、執行数増加の背景には死刑確定数そのものの増加傾向も影響しているようだ。確定数の増加傾向はすでに〇四年ころからみられるもので、それまで一桁台だった確定数が〇四年には一五件を記録し、その後は二桁台で推移するようになった。

とはいえ、死刑確定数の増加が死刑に相当する凶悪犯の増加と連動しているわけではない。日本の殺人（認知）件数はむしろ減少傾向にあり、ことに死刑執行数が明らかな増加傾向を示した〇七年の殺人（認知）件数は戦後最少だったのである。その理由は定かではないが、死刑強化の傾向には最高裁の意図があるようだ。下級審で無期懲役だった判決をあえて破棄し、差し戻すケースなど、最高裁は死刑に明らかな積極姿勢を示している。下級審もこれにならっているのである。日本の裁判所はきわめて意図的に世界の趨勢に逆行しようとしていることが窺える。

2　死刑をめぐる論争

死刑制度が衰退の方向に向かった背景には死刑廃止論の高まりがあったことはいうまでもない。かつては刑罰といえば死刑を連想するほど、死刑は刑罰の花形だったが、一八世紀以降、死刑制度を疑問視する思想が台頭し、死刑制度の是非をめぐって激しい議論が展開されるようになった。ここでは、思想史の流れにそって、死刑をめぐる存廃論争をまとめてみよう。

❖死刑は社会防衛か

古代社会には同害報復の原則がみられる。「目には目を、歯には歯を」もって報復することを原則とし、これによって応報的正義の均衡を保つとともに、過剰報復を禁じようとするものだ。この原則によれば、当然「命には命を」もって報復することが正義なのだから、死刑の正当性に疑問を抱くものはいなかったといってよい。死刑は、身内のいのちを奪われた者が行う自力報復を国家が肩代わりしてくれるものにほかならないのである。

中世のキリスト教も死刑制度を否定していない。ただ、同害報復を認めないことから、その理由づけは古代と異なる。たとえば、トマス・アクィナス（Thomas Aquinas：1225-74）は、社会は一つの巨大な有機体のような存在であるから、ちょうど身体全体を守るために病気にかかった手足を切除するように、社会全体を守るために凶悪な人間は死刑によって除去されなければならないと述べている。社会有機体説はともかく、死刑制度によって社会を防衛するのだという考え方は、こんにちでもみられるものだろう。死刑制度を廃止したら凶悪犯罪から身を守るすべがなくなると考える人は現代の日本でも少なくない。

一方、死刑廃止論者は、かりに社会防衛の必要を認めたとしても、それが死刑でなければならない必然性はないと主張する。たとえば、仮釈放なしの無期刑（つまりは、終身刑）の制度を設けてしまえば、社会防衛は可能だというのである。なお、日本の無期刑の仮釈放は、かつては平均二〇年前後だったが、現在では平均三〇年を超えており、獄死する者も少なくない。現行制度でもすでに、事実上、終身刑に限りなく近いという指摘もある。

❖国家は国民の生命を奪う権利があるか

近代に至ると、いわゆる社会契約説に基づく死刑制度の正当化がみられる。社会契約の際、われわれはどこまで自然権を国家に譲り渡すのかについては、論者によって考え方が異なる。ルソー（Jean Jacques Rousseau：1712-78）は、社会契約によって、われわれは生命をも含むすべての権利を国家に譲り渡すのだという全面譲渡説に基づいて死刑制度を正当化した。

これに対し、啓蒙思想家としてその後の死刑廃止運動に最も大きな影響を与えたとされるベッカリア（Cesare Beccaria：1738-94）は、人道主義こそ国家の実現すべき目的だと考え、いかに社会契約といえども、生命までも国家に譲り渡すことはありえないと主張する。国家の刑罰権は生命にまで及ぶかという問題は現代でも論点の一つである。

❖応報刑論と教育刑論

近代的な死刑制度の根拠づけはカント（Immanuel Kant：1724-1804）から始まるといっても過言ではないだろう。カントはみずから選択決定した行為の責任はみずからが負わなければならないという人格の自律性を強調し、刑罰を自己の行為に対する応報として基礎づける。それゆえ、「もし人を殺したのであれば、その者は死ななければならない」のであり、たとえ社会全体が明日、解散することを決めたとしても、その前に「牢獄につながれた最後の殺人犯は死刑に処せられ、各人の所業にふさわしいものが報いられなければならない」と論じた。死刑にいかなる効果があるかが問題なのではなく、ひたすら自己責任を貫徹することのために死刑はあるということだ。

ヘーゲル（Georg W. F. Hegel：1770–1831）もまた、次のように述べる。

「いのちは最高の価値であり、いのちに値するものはいのちしかない。ゆえに、人のいのちを奪ったことに対する唯一の償い方法は死刑しかありえない」。

さらに、この考え方は、刑法学の領域では、ビンディング（Karl Binding：1841–1920）らに代表される、いわゆる古典学派（旧派）の刑罰観に結びつく。古典学派によれば、刑罰とは、他の行為の選択が可能であったにもかかわらず、あえて違法な行為を選択したことに対する道義的責任として科される報いであり、このような応報的正義を実現することで社会全般に犯罪を未然に思い止まらせる予防効果（一般予防効果）があるとする。ヘーゲルもいうように、人の生命を奪うという行為に対して応報的正義の均衡を回復するためには、その者の生命の剥奪をもってするほかないのであり、死刑ほど強烈な一般予防効果をもった刑罰はありえないと主張するのである。

他方、リスト（Franz von Liszt：1851–1919）らに代表される、いわゆる近代学派（新派）の刑罰観はこれとは異なる。近代学派によれば、犯罪の原因は犯罪者の道義的責任にのみ帰することのできるものではなく、犯罪を犯すに至った当人の環境も考慮すべきものである。したがって、刑罰とは、劣悪な環境から当人を救い出し、社会に更生させることを目的とするものだ。このような刑罰観を教育刑論という。教育刑論では、社会一般に対して犯罪を思い止まらせることよりも、当該犯罪者が再犯を犯さないようにすることに刑罰効果の主眼がおかれることになる（特別予防効果）。

応報刑論は現代でも死刑制度の有力な根拠づけである。おそらく、各人は各人の報いを受けるべきであるという応報観念は日本人の死刑存置論の核心部分にちがいない。これとは逆に、教育刑論によれば死刑制度の根拠づけはとても難しいことになろう。当の本人が死んでしまっては、まるで教育目的を果たせないからである。現在の刑罰観は双方の立場を統合したところに妥当性があると考えているが、教育刑論という刑罰観の登場が死刑制度を衰退させる要因の一つになったことは間違いないだろう。

❖死刑に犯罪抑止力はあるか

現代の死刑存置論の、もう一つの核心部分は「もし死刑を廃止したら凶悪犯が増加して大変なことになる」という、死刑制度のもつ一般予防効果への期待だろう。一方、これに対し、死刑廃止論者は死刑にこのような予防効果があることは実証されていないと反論する。

死刑制度に犯罪を未然に予防する抑止効果があるのかどうかについては、議論が平行線をたどったままだ。社会現象である以上、再現可能性がないので、もし死刑制度がなかったら（あるいは、あったら）、犯罪率がどうなっていたかを厳密に実証することは不可能だからである。わずかに、さまざまな条件を一定のものと仮定した場合、死刑制度の有無によって殺人犯率に変化が生じるか否かを検証した仮説的研究があるのみである。それによると、たとえば、エーリッヒは死刑制度には犯罪抑止効果があるという。ただし、その効果は取るに足らないほど微々たるものであり、到底、死刑存置の論拠になりうるものではないと結論づけている。死刑制度を廃止した他国の例などみても、「死刑を廃止すると凶悪犯が増える」という不安は杞憂《きゆう》であると考えられる。

❖誤判可能性は排除できるか

裁判が人間によってなされるものである以上、無罪の者を誤って有罪とし、死刑を宣告してしまうという可能性を絶対的に排除することはできない。いわゆる冤罪《えんざい》の問題である。白鳥決定（最判一九七五年五月二〇日）によって再審の道が開かれて以来、日本でも死刑判決を受けながら冤罪であったとして無罪が確定したケースがいくつかある。免田事件（一九八三年、無罪確定）、財田川事件（八四年）、松山事件（八四年）、島田事件（八九年）などだ。いまなお冤罪が疑われている事件もある。懲役刑や禁固刑ならば冤罪の立証によって名誉が回復される可能性があるが、死刑が執行されてしまえば回復は不可能だ。誤判可能性が排除できない以上、死刑という取り返しのつかない刑罰はやめるべきだと廃止論者は主張する。死刑廃止論の有力な論拠の一つである。

これに対し、存置論は、誤判可能性は自白に依存しない科学的な証拠調べや再審（刑事訴訟法四三五条以下）、あるいは非常上告（同法四五四条以下）といった救済手続の整備によって最小化することができる。それでもなお論理的に残る誤判可能性については「許された危険」の範囲内だろうと主張する。われわれの社会には、リスクはあるが、社会的な有用性がリスクをはるかに上回っているために、その存在が認められているものがたくさんある。たとえば、飛行機が飛び続けていれば、飛行機事故によって罪のない人々が犠牲になるというリスクが必ずある。それでもなお飛行機を廃止せよとは誰も言わないのは、罪のない人が死ぬリスクよりも飛行機が飛び続けることのメリットの方がはるかに大きいと考えているからである。「二機に一機は落ちる」というほどにリスクが高ければ、飛行機は廃止されていたことだろう。リスクが最小限にとどまっている限りは、それは社会的に「許された危険」であるという考え方だ。

❖死刑は民族的確信か

死刑制度は応報観念を強く支持する日本人の民族精神に依拠する価値確信だという意見もある。たしかに、八割の国民が肯定するという世論調査からして、死刑制度が日本社会に深く浸透した刑罰観であることは疑いがないだろう。

しかしながら、これが日本の伝統的な価値観かといえば、そうともいえない。興味深いことに、歴史的にみれば、平安時代、八世紀初頭から一二世紀の半ばまで、実に三百数十年の長きにわたって日本では死刑が事実上廃止されていたのである（律令上は存在していたが、執行されなかったということ。また、地方では行われていた）。仏教の殺生戒の教えや御霊信仰（怨霊信仰）の影響だとされている。つまり、日本は世界で最も早く死刑を廃止した経験をもっている国なのである。かりに、死刑制度が民族的確信に依拠しているとしても、その確信そのものが時代によって変化するものだということがわかる。

3　死刑制度と日本国憲法

次に、死刑制度と日本国憲法との関係を考えてみよう。

❖死刑制度は憲法違反か

現行憲法は死刑制度を認めているだろうか。死刑存置論はこれを肯定する。その、単純だが最も重要な論拠は、憲法のどこにも死刑を「廃止する」とか「禁止する」とかとは書かれていないということだ。憲法制定当時、すでに死刑制度はあったのだから、もし死刑制度を廃止する意図があったならば、それを明記したであろうというのである。加えて、罪刑法定主義や適正手続について規定した三一条には、「何人も、法律の定める手続によらなければ、その生命若しくは自由を奪はれ、……」と書かれている。この文言は生命の剥奪も刑罰として存在しうることを認めているものと思われる。

これに対し、廃止論は、死刑制度は憲法違反であると主張する。三一条はあらゆる法益の剥奪は適正手続に従って行われなければならないことを示す修辞的表現であって、これを「適正手続さえ踏めば生命が剝奪できる」というように反対解釈することは許されない。加えて、三六条は「公務員による拷問及び残虐な刑罰は、絶対にこれを禁ずる」と規定しており、死刑制度の廃止はこの残虐な刑罰の絶対禁止に含まれているというのである。

憲法解釈上の焦点は、死刑制度が三六条に規定する「残虐な刑罰」にあたるかどうかにあるといえるだろう。この点について最高裁は、「その執行方法等がその時代と環境とにおいて人道上の見地から一般に残虐性を有するものと認められる場合には、勿論これを残虐な刑罰といわねばならぬから、将来若し死刑について火あぶり、はりつけ、さらし首、釜ゆでの刑のごとき残虐な執行方法を定める法律が制定されたとするならば、その法律こそは、まさに憲法第三十六条に違反するものというべきである」と判示し、「刑罰としての死刑そのものが……残虐な刑罰に該当するとは考えられない」としている（最大判一九四八年三月一二日）。

たしかに、何をもって残虐と評すべきかは、各時代と環境によって変化するものだろう。しかし、執行方法のみならず、「刑罰としての死刑そのもの」が非人道的で残虐な刑罰だと考えるのが、こんにちの世界的な「時代と環境」のようなのである。裁判所がこの世界的な趨勢をどうみているのかが問われることになろう。

❖憲法の基本理念と死刑

憲法の文言から異論の余地なく死刑制度の違憲性を導き出すことはできないといえる。しかし、いっそう重要なことは、憲法の基本理念と死刑制度が両立するかどうかであろう。この意味では、死刑制度は憲法の基本理念である平和主義と矛盾するという有力な見解がある。日本国憲法の絶対的平和主義はいかなる理由であれ、国家の名のもとに殺人が行われることを禁じ、「殺した者を殺し返す」という殺人の連鎖を否定する思想であると理解できる。この理念は他国との関係のみにとどまるものではなく、国内にも適用されなければならないだろう。他国の人間は絶対に殺さないが、自国の人間は殺すかもしれないというのでは思想として一貫しない。絶対的平和主義の理念を国内に適用するならば、それは死刑制度の禁止を意味するだろうと考えられる。

また、一三条は「生命……に対する国民の権利については、公共の福祉に反しない限り、立法その他の国政の上で、最大の尊重を必要とする」と定め、各人の生命権の最大尊重を保障している。この条文をふまえつつ、なお死刑制度を是認するためには、最低限、死刑の存置が公共の福祉にとって不可欠であることを立証する必要がある。しかし、死刑制度の正当性をめぐっては、いまなお激しい論争がある。そのこと自体、すでにこの立証に失敗しているものと考えられよう。権利の剝奪について異論の余地のないようなケースでなければ、当該権利に「最大の尊重」を払ったとはいえないだろう。

以上のように、憲法の文言解釈を離れ、その基本理念に着目するならば、憲法と死刑制度の両立は困難だと考えられるのである。

❖死刑囚の人権

死刑制度をめぐる人権問題としては、死刑判決の恣意性や死刑確定者の人権軽視もしばしば指摘される。

まず、どのようなケースに死刑を科すのかについて明確な基準がない。このことは死刑に限ったことではないが、人命を左右する問題について恣意性の介入する余地があるのは問題だろう。たしかに、死刑適用基準としては、永山則夫の連続射殺事件に関して、殺害手段・方法の執拗《しつよう》性や結果の重大性（ことに被害者の数・遺族の被害感情・社会的影響・犯人の年齢・前科・犯行後の情状）などをあわせて考察し、「その罪責が誠に重大であって罪刑均衡の見地からも一般予防の見地からも極刑がやむを得ないと認められる場合」に死刑が選択できるとした基準がある（最判一九八三年七月八日）。しかし、この基準を適用したとしても恣意性を明確に排除できるわけではない。のみならず、光市母子殺害事件に関する広島高裁差戻審判決（二〇〇八年四月二二日）では、「特に酌量すべき事情がない限り死刑の選択をするほかない」とされており、やむをえない例外的な場合だけ死刑を適用するとしていた永山基準を離れ、例外的な場合だけ死刑を回避するという、原則と例外との入れ替えが行われた。これを永山基準の破棄とみるべきか否かは今後の動向によるが、恣意性の介入する余地はいっそう広くなったといわなければならない。

死刑確定者の人権についても問題が多い。死刑がいつ執行されるのかについて、人によって相当の時間的な開きがあるのだ。附属池田小学校事件の宅間守死刑囚の場合、判決確定後約一年という異例の早さで刑が執行されたが（二〇〇三年八月死刑確定、〇四年九月執行）、逆に、帝銀事件の平沢貞通死刑囚の場合、実に三九年間刑が執行されず、平沢死刑囚は獄中で老衰のため死亡した。「刑事訴訟法」四七五条一項によれば、死刑は半年以内に執行することとなっているが、これは訓示的な規定と解されており、実際には、法務省刑事局を中心にタイミングが計られ、その報告を基に法務大臣が執行命令にサインすることによって決定されるのである。したがって、法務大臣の考え方次第で執行の時期は大きく左右されることになる。退職間際まで命令を引き延ばす大臣も少なくなく、法務大臣の交代期は死刑囚にとって最も危険な時期だという。一三条の生命権の最大尊重は死刑囚にも当然に適用されるべきものだが、実態はほど遠いところにあるのだ。

これらの問題は、死刑制度を肯定するか否定するかにかかわらず、再考すべき点だろう。

TOPIC

裁判員制度と死刑

二〇〇九年五月から裁判員制度が開始された。「何の必要があって？」という素朴な疑問もよく聞かれるが、要は、世界の趨勢に合わせたというのが最大の理由だといえよう。いわゆる先進国において、なんらかのかたちで国民に司法への参加の道を開いていない国はなかったのである。先進国のなかでは、日本は最後に残されていた。その意味では、裁判員制度の開始によって、日本も「先進国並み」になったといえるが、死刑制度との関係でいえば、日本の裁判員制度は他国に例のない特異性をもっている。

日本の裁判員制度は、職業裁判官でない一般の国民が死刑を宣告し、かつ実際にそれが執行される唯一の制度のようなのだ。アメリカには州によって死刑制度があるが、アメリカの陪審員は量刑判断をやらないので、死刑を決定することがない。ドイツなど、ヨーロッパ諸国にみられる参審制では、参審員が量刑判断までやるが、ヨーロッパにはそもそも死刑制度がない。韓国は死刑制度をもち、かつ韓国の国民参与裁判では量刑判断まで関与するが、すでに述べたように、韓国は事実上の死刑廃止国だ（ただし、近年、執行の再開を望む声が大きいという）。となれば、国民が死刑を宣告し、しかも実際にそれが執行される可能性のある国は先進国のなかでは日本だけだということになる。

裁判員模擬裁判の様子（写真提供：共同通信社）

死刑廃止論者の団藤重光は、かつて地裁判事の時代に死刑判決を出したことがあるが、その際、傍聴席から「人殺し」という声があがった。団藤はたちまち凍りつき、二度と死刑判決が出せなくなったと語っている。職業裁判官であっても死刑判決はそのくらい重い。ましてや抽選によって選ばれた裁判員に死刑の判断をさせることは、あまりに負担が重すぎるのではないだろうか。しかも裁判員は正当な辞退事由がなければ拒否できない。法的強制によって選任したうえ、場合によっては冤罪の可能性すらある死刑判決に関与させることは徴兵制に等しいという意見さえある。せめて、徴兵制について良心的兵役拒否が認められるように、死刑制度に疑問を抱く者には良心的裁判員拒否が認められてもよいのではないだろうか。

（葛生 栄二郎）

一　日本国憲法

朕は、日本国民の総意に基いて、新日本建設の礎が、定まるに至つたことを、深くよろこび、枢密顧問の諮詢及び帝国憲法第七十三条による帝国議会の議決を経た帝国憲法の改正を裁可し、ここにこれを公布せしめる。

御　名　御　璽

昭和二十一年十一月三日

内閣総理大臣兼外務大臣　吉田　茂
国務大臣　男爵　幣原喜重郎
司法大臣　木村篤太郎
内務大臣　大村　清一
文部大臣　田中耕太郎
農林大臣　和田　博雄
国務大臣　斎藤　隆夫
逓信大臣　一松　定吉
商工大臣　星島　二郎
厚生大臣　河合　良成
国務大臣　植原悦二郎
運輸大臣　平塚常次郎
大蔵大臣　石橋　湛山
国務大臣　金森徳次郎
国務大臣　膳　桂之助

日本国憲法

日本国民は、正当に選挙された国会における代表者を通じて行動し、われらとわれらの子孫のために、諸国民との協和による成果と、わが国全土にわたつて自由のもたらす恵沢を確保し、政府の行為によつて再び戦争の惨禍が起ることのないやうにすることを決意し、ここに主権が国民に存することを宣言し、この憲法を確定する。そもそも国政は、国民の厳粛な信託によるものであつて、その権威は国民に由来し、その権力は国民の代表者がこれを行使し、その福利は国民がこれを享受する。これは人類普遍の原理であり、この憲法は、かかる原理に基くものである。われらは、これに反する一切の憲法、法令及び詔勅を排除する。

日本国民は、恒久の平和を念願し、人間相互の関係を支配する崇高な理想を深く自覚するのであつて、平和を愛する諸国民の公正と信義に信頼して、われらの安全と生存を保持しようと決意した。われらは、平和を維持し、専制と隷従、圧迫と偏狭を地上から永遠に除去しようと努めてゐる国際社会において、名誉ある地位を占めたいと思ふ。われらは、全世界の国民が、ひとしく恐怖と欠乏から免かれ、平和のうちに生存する権利を有することを確認する。

われらは、いづれの国家も、自国のことのみに専念して他国を無視してはならないのであつて、政治道徳の法則は、普遍的なものであり、この法則に従ふことは、自国の主権を維持し、他国と対等関係に立たうとする各国の責務であると信ずる。

日本国民は、国家の名誉にかけ、全力をあげてこの崇高な理想と目的を達成することを誓ふ。

第一章　天　皇

第一条　〔天皇の地位、国民主権〕　天皇は、日本国の象徴であり日本国民統合の象徴であつて、この地位は、主権の存する日本国民の総意に基く。

第二条　〔皇位の継承〕　皇位は、世襲のものであって、国会の議決した皇室典範の定めるところにより、これを継承する。

第三条〔天皇の国事行為に対する内閣の助言と承認〕 天皇の国事に関するすべての行為には、内閣の助言と承認を必要とし、内閣が、その責任を負ふ。

第四条〔天皇の権能の限界・天皇の国事行為の委任〕 ① 天皇は、この憲法の定める国事に関する行為のみを行ひ、国政に関する権能を有しない。

② 天皇は、法律の定めるところにより、その国事に関する行為を委任することができる。

第五条〔摂政〕 皇室典範の定めるところにより摂政を置くときは、摂政は、天皇の名でその国事に関する行為を行ふ。この場合には、前条第一項の規定を準用する。

第六条〔天皇の任命権〕 ① 天皇は、国会の指名に基いて、内閣総理大臣を任命する。

② 天皇は、内閣の指名に基いて、最高裁判所の長たる裁判官を任命する。

第七条〔天皇の国事行為〕 天皇は、内閣の助言と承認により、国民のために、左の国事に関する行為を行ふ。

一 憲法改正、法律、政令及び条約を公布すること。

二 国会を召集すること。

三 衆議院を解散すること。

四 国会議員の総選挙の施行を公示すること。

五 国務大臣及び法律の定めるその他の官吏の任免並びに全権委任状及び大使及び公使の信任状を認証すること。

六 大赦、特赦、減刑、刑の執行の免除及び復権を認証すること。

七 栄典を授与すること。

八 批准書及び法律の定めるその他の外交文書を認証すること。

九 外国の大使及び公使を接受すること。

十 儀式を行ふこと。

第八条〔皇室の財産授受〕 皇室に財産を譲り渡し、又は皇室が、財産を譲り受け、若しくは賜与することは、国会の議決に基かなければならない。

第二章 戦争の放棄

第九条〔戦争の放棄、軍備及び交戦権の否認〕 ① 日本国民は、正義と秩序を基調とする国際平和を誠実に希求し、国権の発動たる戦争と、武力による威嚇又は武力の行使は、国際紛争を解決する手段としては、永久にこれを放棄する。

② 前項の目的を達するため、陸海空軍その他の戦力は、これを保持しない。国の交戦権は、これを認めない。

第三章 国民の権利及び義務

第一〇条〔国民の要件〕 日本国民たる要件は、法律でこれを定める。

第一一条〔基本的人権の享有〕 国民は、すべての基本的人権の享有を妨げられない。この憲法が国民に保障する基本的人権は、侵すことのできない永久の権利として、現在及び将来の国民に与へられる。

第一二条〔自由・権利の保持の責任とその濫用の禁止〕 この憲法が国民に保障する自由及び権利は、国民の不断の努力によつて、これを保持しなければならない。又、国民は、これを濫用してはならないのであつて、常に公共の福祉のためにこれを利用する責任を負ふ。

第一三条〔個人の尊重、生命・自由・幸福追求の権利の尊重〕　すべて国民は、個人として尊重される。生命、自由及び幸福追求に対する国民の権利については、公共の福祉に反しない限り、立法その他の国政の上で、最大の尊重を必要とする。

第一四条〔法の下の平等、貴族制度の否認、栄典〕　①　すべて国民は、法の下に平等であつて、人種、信条、性別、社会的身分又は門地により、政治的、経済的又は社会的関係において、差別されない。

②　華族その他の貴族の制度は、これを認めない。

③　栄誉、勲章その他の栄典の授与は、いかなる特権も伴はない。栄典の授与は、現にこれを有し、又は将来これを受ける者の一代に限り、その効力を有する。

第一五条〔公務員の選定及び罷免権、公務員の本質、普通選挙・秘密投票の保障〕　①　公務員を選定し、及びこれを罷免することは、国民固有の権利である。

②　すべて公務員は、全体の奉仕者であつて、一部の奉仕者ではない。

③　公務員の選挙については、成年者による普通選挙を保障する。

④　すべて選挙における投票の秘密は、これを侵してはならない。選挙人は、その選択に関し公的にも私的にも責任を問はれない。

第一六条〔請願権〕　何人も、損害の救済、公務員の罷免、法律、命令又は規則の制定、廃止又は改正その他の事項に関し、平穏に請願する権利を有し、何人も、かかる請願をしたためにいかなる差別待遇も受けない。

第一七条〔国及び公共団体の賠償責任〕　何人も、公務員の不法行為により、損害を受けたときは、法律の定めるところにより、国又は公共団体に、その賠償を求めることができる。

第一八条〔奴隷的拘束及び苦役からの自由〕　何人も、いかなる奴隷的拘束も受けない。又、犯罪に因る処罰の場合を除いては、その意に反する苦役に服させられない。

第一九条〔思想及び良心の自由〕　思想及び良心の自由は、これを侵してはならない。

第二〇条〔信教の自由、国の宗教活動の禁止〕　①　信教の自由は、何人に対してもこれを保障する。いかなる宗教団体も、国から特権を受け、又は政治上の権力を行使してはならない。

②　何人も、宗教上の行為、祝典、儀式又は行事に参加することを強制されない。

③　国及びその機関は、宗教教育その他いかなる宗教的活動もしてはならない。

第二一条〔集会・結社・表現の自由、検閲の禁止、通信の秘密〕　①　集会、結社及び言論、出版その他一切の表現の自由は、これを保障する。

②　検閲は、これをしてはならない。通信の秘密は、これを侵してはならない。

第二二条〔居住・移転及び職業選択の

自由、外国移住・国籍離脱の自由〕

① 何人も、公共の福祉に反しない限り、居住、移転及び職業選択の自由を有する。

② 何人も、外国に移住し、又は国籍を離脱する自由を侵されない。

第二三条〔学問の自由〕学問の自由は、これを保障する。

第二四条〔家庭生活における個人の尊厳と両性の平等〕① 婚姻は、両性の合意のみに基いて成立し、夫婦が同等の権利を有することを基本として、相互の協力により、維持されなければならない。

② 配偶者の選択、財産権、相続、住居の選定、離婚並びに婚姻及び家族に関するその他の事項に関しては、法律は、個人の尊厳と両性の本質的平等に立脚して、制定されなければならない。

第二五条〔生存権、国の社会的使命〕① すべて国民は、健康で文化的な最低限度の生活を営む権利を有する。

② 国は、すべての生活部面について、社会福祉、社会保障及び公衆衛生の向上及び増進に努めなければならない。

第二六条〔教育を受ける権利、教育を受けさせる義務、義務教育の無償〕① すべて国民は、法律の定めるところにより、その能力に応じて、ひとしく教育を受ける権利を有する。

② すべて国民は、法律の定めるところにより、その保護する子女に普通教育を受けさせる義務を負ふ。義務教育は、これを無償とする。

第二七条〔勤労の権利及び義務、勤労条件の基準、児童酷使の禁止〕① すべて国民は、勤労の権利を有し、義務を負ふ。

② 賃金、就業時間、休息その他の勤労条件に関する基準は、法律でこれを定める。

③ 児童は、これを酷使してはならない。

第二八条〔勤労者の団結権・団体交渉権その他の団体行動権〕勤労者の団結する権利及び団体交渉その他の団体行動をする権利は、これを保障する。

第二九条〔財産権〕① 財産権は、これを侵してはならない。

② 財産権の内容は、公共の福祉に適合するやうに、法律でこれを定める。

③ 私有財産は、正当な補償の下に、これを公共のために用ひることができる。

第三〇条〔納税の義務〕国民は、法律の定めるところにより、納税の義務を負ふ。

第三一条〔法定手続の保障〕何人も、法律の定める手続によらなければ、その生命若しくは自由を奪はれ、又はその他の刑罰を科せられない。

第三二条〔裁判を受ける権利〕何人も、裁判所において裁判を受ける権利を奪はれない。

第三三条〔逮捕の要件〕何人も、現行犯として逮捕される場合を除いては、権限を有する司法官憲が発し、且つ理由となつてゐる犯罪を明示する令状によらなければ、逮捕されない。

第三四条〔抑留、拘禁の要件、不法拘禁に対する保障〕何人も、理由を直ちに告げられ、且つ、直ちに弁護人に依頼する権利を与へられなければ、抑留又は拘禁されない。又、何人も、正当な理由がなければ、拘禁されず、要求があれば、その理由は、直ちに本人及びその弁護人の出席する公開の法廷で示されなければならない。

第三五条〔住居侵入・捜索・押収に対する保障〕① 何人も、その住居、書類及び所持品について、侵入、捜索及び押収を受けることのない権利は、第三十三条の場合を除いては、正当な理由に基いて発せられ、且つ捜索する場所及び押収する物を明示する令状がなければ、侵されない。

② 捜索又は押収は、権限を有する司法官憲が発する各別の令状により、これを行ふ。

第三六条〔拷問及び残虐刑の禁止〕公務員による拷問及び残虐な刑罰は、絶対にこれを禁ずる。

第三七条〔刑事被告人の権利〕① すべて刑事事件においては、被告人は、公平な裁判所の迅速な公開裁判を受ける権利を有する。

② 刑事被告人は、すべての証人に対して審問する機会を充分に与へられ、又、公費で自己のために強制的手続により証人を求める権利を有する。

③ 刑事被告人は、いかなる場合にも、資格を有する弁護人を依頼することができる。被告人が自らこれを依頼することができないときは、国でこれを附する。

第三八条〔自己に不利益な供述の強要禁止、自白の証拠能力〕① 何人も、自己に不利益な供述を強要されない。

② 強制、拷問若しくは脅迫による自白又は不当に長く抑留若しくは拘禁された後の自白は、これを証拠とすることができない。

③ 何人も、自己に不利益な唯一の証拠が本人の自白である場合には、有罪とされ、又は刑罰を科せられない。

第三九条〔遡及処罰の禁止、一事不再理〕何人も、実行の時に適法であつた行為又は既に無罪とされた行為については、刑事上の責任を問はれない。又、同一の犯罪について、重ねて刑事上の責任を問はれない。

第四〇条〔刑事補償〕何人も、抑留又は拘禁された後、無罪の裁判を受けたときは、法律の定めるところにより、国にその補償を求めることができる。

第四章 国会

第四一条〔国会の地位、立法権〕国会は、国権の最高機関であつて、国の唯一の立法機関である。

第四二条〔両院制〕国会は、衆議院及び参議院の両議院でこれを構成する。

第四三条〔両議院の組織〕① 両議院は、全国民を代表する選挙された議員でこれを組織する。

② 両議院の議員の定数は、法律でこれを定める。

第四四条〔議員及び選挙人の資格〕両議院の議員及びその選挙人の資格は、法律でこれを定める。但し、人種、信条、性別、社会的身分、門地、教育、財産又は収入によつて差別してはならない。

第四五条〔衆議院議員の任期〕衆議院議員の任期は、四年とする。但し、衆議院解散の場合には、その期間満了前に終了する。

第四六条〔参議院議員の任期〕参議院議員の任期は、六年とし、三年ごとに議員の半数を改選する。

第四七条〔選挙に関する事項の法定〕 選挙区、投票の方法その他両議院の議員の選挙に関する事項は、法律でこれを定める。

第四八条〔両院議員兼職の禁止〕 何人も、同時に両議院の議員たることはできない。

第四九条〔議員の歳費〕 両議院の議員は、法律の定めるところにより、国庫から相当額の歳費を受ける。

第五〇条〔議員の不逮捕特権〕 両議院の議員は、法律の定める場合を除いては、国会の会期中逮捕されず、会期前に逮捕された議員は、その議院の要求があれば、会期中これを釈放しなければならない。

第五一条〔議員の発言・表決の無責任〕 両議院の議員は、議院で行つた演説、討論又は表決について、院外で責任を問はれない。

第五二条〔常会〕 国会の常会は、毎年一回これを召集する。

第五三条〔臨時会〕 内閣は、国会の臨時会の召集を決定することができる。いづれかの議院の総議員の四分の一以上の要求があれば、内閣は、その召集を決定しなければならない。

第五四条〔衆議院の解散、特別会、参議院の緊急集会〕 ① 衆議院が解散されたときは、解散の日から四十日以内に、衆議院議員の総選挙を行ひ、その選挙の日から三十日以内に、国会を召集しなければならない。

② 衆議院が解散されたときは、参議院は、同時に閉会となる。但し、内閣は、国に緊急の必要があるときは、参議院の緊急集会を求めることができる。

③ 前項但書の緊急集会において採られた措置は、臨時のものであつて、次の国会開会の後十日以内に、衆議院の同意がない場合には、その効力を失ふ。

第五五条〔議員の資格争訟〕 両議院は、各〻その議員の資格に関する争訟を裁判する。但し、議員の議席を失はせるには、出席議員の三分の二以上の多数による議決を必要とする。

第五六条〔議事議決の定足数・表決〕 ① 両議院は、各〻その総議員の三分の一以上の出席がなければ、議事を開き議決することができない。

② 両議院の議事は、この憲法に特別の定のある場合を除いては、出席議員の過半数でこれを決し、可否同数のときは、議長の決するところによる。

第五七条〔会議の公開・会議の記録・表決の会議録への記載〕 ① 両議院の会議は、公開とする。但し、出席議員の三分の二以上の多数で議決したときは、秘密会を開くことができる。

② 両議院は、各〻その会議の記録を保存し、秘密会の記録の中で特に秘密を要すると認められるもの以外は、これを公表し、且つ一般に頒布しなければならない。

③ 出席議員の五分の一以上の要求があれば、各議員の表決は、これを会議録に記載しなければならない。

第五八条〔議長等の選任・議院の自律権〕 ① 両議院は、各〻その議長その他の役員を選任する。

② 両議院は、各〻その会議その他の手続及び内部の規律に関する規則を定め、又、院内の秩序をみだした議員を懲罰することができる。但し、議員を除名するには、出席議員の三分の二以上の

多数による議決を必要とする。

第五九条〔法律案の議決・衆議院の優越〕① 法律案は、この憲法に特別の定のある場合を除いては、両議院で可決したとき法律となる。

② 衆議院で可決し、参議院でこれと異なつた議決をした法律案は、衆議院で出席議員の三分の二以上の多数で再び可決したときは、法律となる。

③ 前項の規定は、法律の定めるところにより、衆議院が、両議院の協議会を開くことを求めることを妨げない。

④ 参議院が、衆議院の可決した法律案を受け取つた後、国会休会中の期間を除いて六十日以内に、議決しないときは、衆議院は、参議院がその法律案を否決したものとみなすことができる。

第六〇条〔衆議院の予算先議・予算議決に関する衆議院の優越〕① 予算は、さきに衆議院に提出しなければならない。

② 予算について、参議院で衆議院と異なつた議決をした場合に、法律の定めるところにより、両議院の協議会を開いても意見が一致しないとき、又は参議院が、衆議院の可決した予算を受け取つた後、国会休会中の期間を除いて三十日以内に、議決しないときは、衆議院の議決を国会の議決とする。

第六一条〔条約の国会承認・衆議院の優越〕条約の締結に必要な国会の承認については、前条第二項の規定を準用する。

第六二条〔議院の国政調査権〕両議院は、各〻国政に関する調査を行ひ、これに関して、証人の出頭及び証言並びに記録の提出を要求することができる。

第六三条〔国務大臣の議院出席の権利と義務〕内閣総理大臣その他の国務大臣は、両議院の一に議席を有すると有しないとにかかはらず、何時でも議案について発言するため議院に出席することができる。又、答弁又は説明のため出席を求められたときは、出席しなければならない。

第六四条〔弾劾裁判所〕① 国会は、罷免の訴追を受けた裁判官を裁判するため、両議院の議員で組織する弾劾裁判所を設ける。

② 弾劾に関する事項は、法律でこれを定める。

第五章　内　閣

第六五条〔行政権〕行政権は、内閣に属する。

第六六条〔内閣の組織・国会に対する連帯責任〕① 内閣は、法律の定めるところにより、その首長たる内閣総理大臣及びその他の国務大臣でこれを組織する。

② 内閣総理大臣その他の国務大臣は、文民でなければならない。

③ 内閣は、行政権の行使について、国会に対し連帯して責任を負ふ。

第六七条〔内閣総理大臣の指名・衆議院の優越〕① 内閣総理大臣は、国会議員の中から国会の議決で、これを指名する。この指名は、他のすべての案件に先だつて、これを行ふ。

② 衆議院と参議院とが異なつた指名の議決をした場合に、法律の定めるところにより、両議院の協議会を開いても意見が一致しないとき、又は衆議院が指名の議決をした後、国会休会中の期間を除いて十日以内に、参議院が、指

名の議決をしないときは、衆議院の議決を国会の議決とする。

第六八条〔国務大臣の任命及び罷免〕①　内閣総理大臣は、国務大臣を任命する。但し、その過半数は、国会議員の中から選ばれなければならない。

②　内閣総理大臣は、任意に国務大臣を罷免することができる。

第六九条〔衆議院の内閣不信任〕　内閣は、衆議院で不信任の決議案を可決し、又は信任の決議案を否決したときは、十日以内に衆議院が解散されない限り、総辞職をしなければならない。

第七〇条〔内閣総理大臣の欠缺・総選挙後の総辞職〕　内閣総理大臣が欠けたとき、又は衆議院議員総選挙の後に初めて国会の召集があつたときは、内閣は、総辞職をしなければならない。

第七一条〔総辞職後の内閣の職務〕　前二条の場合には、内閣は、あらたに内閣総理大臣が任命されるまで引き続きその職務を行ふ。

第七二条〔内閣総理大臣の職権〕　内閣総理大臣は、内閣を代表して議案を国会に提出し、一般国務及び外交関係について国会に報告し、並びに行政各部を指揮監督する。

第七三条〔内閣の職権〕　内閣は、他の一般行政事務の外、左の事務を行ふ。

一　法律を誠実に執行し、国務を総理すること

二　外交関係を処理すること。

三　条約を締結すること。但し、事前に、時宜によつては事後に、国会の承認を経ることを必要とする。

四　法律の定める基準に従ひ、官吏に関する事務を掌理すること。

五　予算を作成して国会に提出すること。

六　この憲法及び法律の規定を実施するために、政令を制定すること。但し、政令には、特にその法律の委任がある場合を除いては、罰則を設けることができない。

七　大赦、特赦、減刑、刑の執行の免除及び復権を決定すること。

第七四条〔法律・政令の署名〕　法律及び政令には、すべて主任の国務大臣が署名し、内閣総理大臣が連署することを必要とする。

第七五条〔国務大臣の訴追〕　国務大臣は、その在任中、内閣総理大臣の同意がなければ、訴追されない。但し、これがため、訴追の権利は、害されない。

第六章　司　法

第七六条〔司法権、特別裁判所の禁止、裁判官の職務の独立〕　①　すべて司法権は、最高裁判所及び法律の定めるところにより設置する下級裁判所に属する。

②　特別裁判所は、これを設置することができない。行政機関は、終審として裁判を行ふことができない。

③　すべて裁判官は、その良心に従ひ独立してその職権を行ひ、この憲法及び法律にのみ拘束される。

第七七条〔最高裁判所の規則制定権〕

①　最高裁判所は、訴訟に関する手続、弁護士、裁判所の内部規律及び司法事務処理に関する事項について、規則を定める権限を有する。

②　検察官は、最高裁判所の定める規則に従はなければならない。

③　最高裁判所は、下級裁判所に関する

規則を定める権限を、下級裁判所に委任することができる。

第七八条〔裁判官の身分の保障〕　裁判官は、裁判により、心身の故障のために職務を執ることができないと決定された場合を除いては、公の弾劾によらなければ罷免されない。裁判官の懲戒処分は、行政機関がこれを行ふことはできない。

第七九条〔最高裁判所の裁判官・国民審査〕①　最高裁判所は、その長たる裁判官及び法律の定める員数のその他の裁判官でこれを構成し、その長たる裁判官以外の裁判官は、内閣でこれを任命する。

②　最高裁判所の裁判官の任命は、その任命後初めて行はれる衆議院議員総選挙の際国民の審査に付し、その後十年を経過した後初めて行はれる衆議院議員総選挙の際更に審査に付し、その後も同様とする。

③　前項の場合において、投票者の多数が裁判官の罷免を可とするときは、その裁判官は、罷免される。

④　審査に関する事項は、法律でこれを定める。

⑤　最高裁判所の裁判官は、法律の定める年齢に達した時に退官する。

⑥　最高裁判所の裁判官は、すべて定期に相当額の報酬を受ける。この報酬は、在任中、これを減額することができない。

第八〇条〔下級裁判所の裁判官〕①　下級裁判所の裁判官は、最高裁判所の指名した者の名簿によつて、内閣でこれを任命する。その裁判官は、任期を十年とし、再任されることができる。但し、法律の定める年齢に達した時には退官する。

②　下級裁判所の裁判官は、すべて定期に相当額の報酬を受ける。この報酬は、在任中、これを減額することができない。

第八一条〔最高裁判所の法令等審査権〕　最高裁判所は、一切の法律、命令、規則又は処分が憲法に適合するかしないかを決定する権限を有する終審裁判所である。

第八二条〔裁判の公開〕①　裁判の対審及び判決は、公開法廷でこれを行ふ。

②　裁判所が、裁判官の全員一致で、公の秩序又は善良の風俗を害する虞があると決した場合には、対審は、公開しないでこれを行ふことができる。但し、政治犯罪、出版に関する犯罪又はこの憲法第三章で保障する国民の権利が問題となつてゐる事件の対審は、常にこれを公開しなければならない。

第七章　財　政

第八三条〔財政処理の基本原則〕　国の財政を処理する権限は、国会の議決に基いて、これを行使しなければならない。

第八四条〔課税の要件〕　あらたに租税を課し、又は現行の租税を変更するには、法律又は法律の定める条件によることを必要とする。

第八五条〔国費の支出及び債務負担〕　国費を支出し、又は国が債務を負担するには、国会の議決に基くことを必要とする。

第八六条〔予算〕　内閣は、毎会計年度の予算を作成し、国会に提出して、その審議を受け議決を経なければならない。

第八七条〔予備費〕① 予見し難い予算の不足に充てるため、国会の議決に基いて予備費を設け、内閣の責任でこれを支出することができる。

② すべて予備費の支出については、内閣は、事後に国会の承諾を得なければならない。

第八八条〔皇室財産、皇室の費用〕 すべて皇室財産は、国に属する。すべて皇室の費用は、予算に計上して国会の議決を経なければならない。

第八九条〔公の財産の支出又は利用の制限〕 公金その他の公の財産は、宗教上の組織若しくは団体の使用、便益若しくは維持のため、又は公の支配に属しない慈善、教育若しくは博愛の事業に対し、これを支出し、又はその利用に供してはならない。

第九〇条〔決算審査・会計検査院〕 ① 国の収入支出の決算は、すべて毎年会計検査院がこれを検査し、内閣は、次の年度に、その検査報告とともに、これを国会に提出しなければならない。

② 会計検査院の組織及び権限は、法律でこれを定める。

第九一条〔財政状況の報告〕 内閣は、国会及び国民に対し、定期に、少くとも毎年一回、国の財政状況について報告しなければならない。

第八章 地方自治

第九二条〔地方自治の基本原則〕 地方公共団体の組織及び運営に関する事項は、地方自治の本旨に基いて、法律でこれを定める。

第九三条〔地方公共団体の機関とその直接選挙〕 ①地方公共団体には、法律の定めるところにより、その議事機関として議会を設置する。

② 地方公共団体の長、その議会の議員及び法律の定めるその他の吏員は、その地方公共団体の住民が、直接これを選挙する。

第九四条〔地方公共団体の権能〕 地方公共団体は、その財産を管理し、事務を処理し、及び行政を執行する権能を有し、法律の範囲内で条例を制定することができる。

第九五条〔一の地方公共団体のみに適用される特別法〕 一の地方公共団体のみに適用される特別法は、法律の定めるところにより、その地方公共団体の住民の投票においてその過半数の同意を得なければ、国会は、これを制定することができない。

第九章 改 正

第九六条〔憲法改正の手続・憲法改正の公布〕 ① この憲法の改正は、各議院の総議員の三分の二以上の賛成で、国会が、これを発議し、国民に提案してその承認を経なければならない。この承認には、特別の国民投票又は国会の定める選挙の際行はれる投票において、その過半数の賛成を必要とする。

② 憲法改正について前項の承認を経たときは、天皇は、国民の名で、この憲法と一体を成すものとして、直ちにこれを公布する。

第一〇章 最高法規

第九七条〔基本的人権の本質〕 この憲法が日本国民に保障する基本的人権は、人類の多年にわたる自由獲得の努力の成果であつて、これらの権利は、過去幾多の試錬に堪へ、現在及び将来の国民に対し、侵すことのできない永久の権利として信託されたものである。

第九八条〔憲法の最高法規性、条約・国際法規の遵守〕① この憲法は、国の最高法規であつて、その条規に反する法律、命令、詔勅及び国務に関するその他の行為の全部又は一部は、その効力を有しない。

② 日本国が締結した条約及び確立された国際法規は、これを誠実に遵守することを必要とする。

第九九条〔憲法尊重擁護の義務〕 天皇又は摂政及び国務大臣、国会議員、裁判官その他の公務員は、この憲法を尊重し擁護する義務を負ふ。

第一一章　補　則

第一〇〇条〔憲法の施行期日・準備手続〕① この憲法は、公布の日から起算して六箇月を経過した日から、これを施行する。

② この憲法を施行するために必要な法律の制定、参議院議員の選挙及び国会召集の手続並びにこの憲法を施行するために必要な準備手続は、前項の期日よりも前に、これを行ふことができる。

第一〇一条〔経過規定〕 この憲法施行の際、参議院がまだ成立してゐないときは、その成立するまでの間、衆議院は、国会としての権限を行ふ。

第一〇二条〔同前〕 この憲法による第一期の参議院議員のうち、その半数の者の任期は、これを三年とする。その議員は、法律の定めるところにより、これを定める。

第一〇三条〔同前〕 この憲法施行の際現に在職する国務大臣、衆議院議員及び裁判官並びにその他の公務員で、その地位に相応する地位がこの憲法で認められてゐる者は、法律で特別の定をした場合を除いては、この憲法施行のため、当然にはその地位を失ふことはない。但し、この憲法によつて、後任者が選挙又は任命されたときは、当然その地位を失ふ。

二　大日本帝国憲法

告　文

皇朕レ謹ミ畏ミ
皇祖
皇宗ノ神霊ニ誥ケ白サク皇朕レ天壌無窮ノ宏謨ニ循ヒ惟神ノ宝祚ヲ承継シ旧図ヲ保持シテ敢テ失墜スルコト無シ顧ミルニ世局ノ進運ニ膺リ人文ノ発達ニ随ヒ宜ク
皇祖
皇宗ノ遺訓ヲ明徴ニシ典憲ヲ成立シ条章ヲ昭示シ内ハ以テ子孫ノ率由スル所ト為シ外ハ以テ臣民翼賛ノ道ヲ広メ永遠ニ遵行セシメ益〻国家ノ丕基ヲ鞏固ニシ八洲民生ノ慶福ヲ増進スヘシ茲ニ皇室典範及憲法ヲ制定ス惟フニ此レ皆
皇祖
皇宗ノ後裔ニ貽シタマヘル統治ノ洪範ヲ紹述スルニ外ナラス而シテ朕カ躬ニ逮テ時ト倶ニ挙行スルコトヲ得ルハ洵ニ
皇祖
皇宗及我カ
皇考ノ威霊ニ倚藉スルニ由ラサルハ無シ

皇朕レ仰テ
皇祖
皇宗及
皇考ノ神祐ヲ禱リ併セテ朕カ現在及将来ニ臣民ニ率先シ此ノ憲章ヲ履行シテ愆ラサラムコトヲ誓フ庶幾クハ
神霊此レヲ鑒ミタマヘ

憲法発布勅語

朕国家ノ隆昌ト臣民ノ慶福トヲ以テ中心ノ欣栄トシ朕カ祖宗ニ承クルノ大権ニ依リ現在及将来ノ臣民ニ対シ此ノ不磨ノ大典ヲ宣布ス

惟フニ我カ祖我カ宗ハ我カ臣民祖先ノ協力輔翼ニ倚リ我カ帝国ヲ肇造シ以テ無窮ニ垂レタリ此レ我カ神聖ナル祖宗ノ威徳ト並ニ臣民ノ忠実勇武ニシテ国ヲ愛シ公ニ殉ヒ以テ此ノ光輝アル国史ノ成跡ヲ貽シタルナリ朕我カ臣民ハ即チ祖宗ノ忠良ナル臣民ノ子孫ナルヲ回想シ其ノ朕カ意ヲ奉体シ朕カ事ヲ奨順シ相与ニ和衷協同シ益〻我カ帝国ノ光栄ヲ中外ニ宣揚シ祖宗ノ遺業ヲ永久ニ鞏固ナラシムルノ希望ヲ同クシ此ノ負担ヲ分ツニ堪フルコトヲ疑ハサルナリ

朕祖宗ノ遺烈ヲ承ケ万世一系ノ帝位ヲ践ミ朕カ親愛スル所ノ臣民ハ即チ朕カ祖宗ノ恵撫慈養シタマヒシ所ノ臣民ナルヲ念ヒ其ノ康福ヲ増進シ其ノ懿徳良能ヲ発達セシメムコトヲ願ヒ又其ノ翼賛ニ依リ与ニ倶ニ国家ノ進運ヲ扶持セムコトヲ望ミ乃チ明治十四年十月十二日ノ詔命ヲ履践シ茲ニ大憲ヲ制定シ朕カ率由スル所ヲ示シ朕カ後嗣及臣民及臣民ノ子孫タル者ヲシテ永遠ニ循行スル所ヲ知ラシム

国家統治ノ大権ハ朕カ之ヲ祖宗ニ承ケテ之ヲ子孫ニ伝フル所ナリ朕及朕カ子孫ハ将来此ノ憲法ノ条章ニ循ヒ之ヲ行フコトヲ愆ラサルヘシ

朕ハ我カ臣民ノ権利及財産ノ安全ヲ貴重シ及之ヲ保護シ此ノ憲法及法律ノ範囲内ニ於テ其ノ享有ヲ完全ナラシムヘキコトヲ宣言ス

帝国議会ハ明治二十三年ヲ以テ之ヲ召集シ議会開会ノ時（明治二三・一一・二九）ヲ以テ此ノ憲法ヲシテ有効ナラシムルノ期トスヘシ

将来若此ノ憲法ノ或ル条章ヲ改定スルノ必要ナル時宜ヲ見ルニ至ラハ朕及朕カ継統ノ子孫ハ発議ノ権ヲ執リ之ヲ議会ニ付シ議会ハ此ノ憲法ニ定メタル要件ニ依リ之ヲ議決スルノ外朕カ子孫及臣民ハ敢テ之カ紛更ヲ試ミルコトヲ得サルヘシ

朕カ在廷ノ大臣ハ朕カ為ニ此ノ憲法ヲ施行スルノ責ニ任スヘク朕カ現在及将来ノ臣民ハ此ノ憲法ニ対シ永遠ニ従順ノ義務ヲ負フヘシ

御名御璽

明治二十二年二月十一日

内閣総理大臣 伯爵 黒田清隆
枢密院議長 伯爵 伊藤博文
外務大臣 伯爵 大隈重信
海軍大臣 伯爵 西郷従道
農商務大臣 伯爵 井上馨
司法大臣 伯爵 山田顕義
大蔵大臣兼内務大臣 伯爵 松方正義
陸軍大臣 伯爵 大山巌
文部大臣 子爵 森有礼
逓信大臣 子爵 榎本武揚

大日本帝国憲法

第一章 天皇

第一条 大日本帝国ハ万世一系ノ天皇之

ヲ統治ス

第二条　皇位ハ皇室典範ノ定ムル所ニ依リ皇男子孫之ヲ継承ス

第三条　天皇ハ神聖ニシテ侵スヘカラス

第四条　天皇ハ国ノ元首ニシテ統治権ヲ総攬シ此ノ憲法ノ条規ニ依リ之ヲ行フ

第五条　天皇ハ帝国議会ノ協賛ヲ以テ立法権ヲ行フ

第六条　天皇ハ法律ヲ裁可シ其ノ公布及執行ヲ命ス

第七条　天皇ハ帝国議会ヲ召集シ其ノ開会閉会停会及衆議院ノ解散ヲ命ス

第八条　天皇ハ公共ノ安全ヲ保持シ又ハ其ノ災厄ヲ避クル為緊急ノ必要ニ由リ帝国議会閉会ノ場合ニ於テ法律ニ代ルヘキ勅令ヲ発ス

②　此ノ勅令ハ次ノ会期ニ於テ帝国議会ニ提出スヘシ若議会ニ於テ承諾セサルトキハ政府ハ将来ニ向テ其ノ効力ヲ失フコトヲ公布スヘシ

第九条　天皇ハ法律ヲ執行スル為ニ又ハ公共ノ安寧秩序ヲ保持シ及臣民ノ幸福ヲ増進スル為ニ必要ナル命令ヲ発シ又ハ発セシム但シ命令ヲ以テ法律ヲ変更スルコトヲ得ス

第一〇条　天皇ハ行政各部ノ官制及文武官ノ俸給ヲ定メ及文武官ヲ任免ス但シ此ノ憲法又ハ他ノ法律ニ特例ヲ掲ケタルモノハ各ゝ其ノ条項ニ依ル

第一一条　天皇ハ陸海軍ヲ統帥ス

第一二条　天皇ハ陸海軍ノ編制及常備兵額ヲ定ム

第一三条　天皇ハ戦ヲ宣シ和ヲ講シ及諸般ノ条約ヲ締結ス

第一四条　天皇ハ戒厳ヲ宣告ス

②　戒厳ノ要件及効力ハ法律ヲ以テ之ヲ定ム

第一五条　天皇ハ爵位勲章及其ノ他ノ栄典ヲ授与ス

第一六条　天皇ハ大赦特赦減刑及復権ヲ命ス

第一七条　摂政ヲ置クハ皇室典範ノ定ムル所ニ依ル

②　摂政ハ天皇ノ名ニ於テ大権ヲ行フ

第二章　臣民権利義務

第一八条　日本臣民タルノ要件ハ法律ノ定ムル所ニ依ル

第一九条　日本臣民ハ法律命令ノ定ムル所ノ資格ニ応シ均ク文武官ニ任セラレ及其ノ他ノ公務ニ就クコトヲ得

第二〇条　日本臣民ハ法律ノ定ムル所ニ従ヒ兵役ノ義務ヲ有ス

第二一条　日本臣民ハ法律ノ定ムル所ニ従ヒ納税ノ義務ヲ有ス

第二二条　日本臣民ハ法律ノ範囲内ニ於テ居住及移転ノ自由ヲ有ス

第二三条　日本臣民ハ法律ニ依ルニ非スシテ逮捕監禁審問処罰ヲ受クルコトナシ

第二四条　日本臣民ハ法律ニ定メタル裁判官ノ裁判ヲ受クルノ権ヲ奪ハル、コトナシ

第二五条　日本臣民ハ法律ニ定メタル場合ヲ除ク外其ノ許諾ナクシテ住所ニ侵入セラレ及捜索セラル、コトナシ

第二六条　日本臣民ハ法律ニ定メタル場合ヲ除ク外信書ノ秘密ヲ侵サル、コトナシ

第二七条　日本臣民ハ其ノ所有権ヲ侵サル、コトナシ

②　公益ノ為必要ナル処分ハ法律ノ定ムル所ニ依ル

第二八条　日本臣民ハ安寧秩序ヲ妨ケス及臣民タルノ義務ニ背カサル限ニ於テ

信教ノ自由ヲ有ス

第二九条　日本臣民ハ法律ノ範囲内ニ於テ言論著作印行集会及結社ノ自由ヲ有ス

第三〇条　日本臣民ハ相当ノ敬礼ヲ守リ別ニ定ムル所ノ規程ニ従ヒ請願ヲ為スコトヲ得

第三一条　本章ニ掲ケタル条規ハ戦時又ハ国家事変ノ場合ニ於テ天皇大権ノ施行ヲ妨クルコトナシ

第三二条　本章ニ掲ケタル条規ハ陸海軍ノ法令又ハ紀律ニ牴触セサルモノニ限リ軍人ニ準行ス

第三章　帝国議会

第三三条　帝国議会ハ貴族院衆議院ノ両院ヲ以テ成立ス

第三四条　貴族院ハ貴族院令ノ定ムル所ニ依リ皇族華族及勅任セラレタル議員ヲ以テ組織ス

第三五条　衆議院ハ選挙法ノ定ムル所ニ依リ公選セラレタル議員ヲ以テ組織ス

第三六条　何人モ同時ニ両議院ノ議員タルコトヲ得ス

第三七条　凡テ法律ハ帝国議会ノ協賛ヲ経ルヲ要ス

第三八条　両議院ハ政府ノ提出スル法律案ヲ議決シ及各〻法律案ヲ提出スルコトヲ得

第三九条　両議院ノ一ニ於テ否決シタル法律案ハ同会期中ニ於テ再ヒ提出スルコトヲ得ス

第四〇条　両議院ハ法律又ハ其ノ他ノ事件ニ付各〻其ノ意見ヲ政府ニ建議スルコトヲ得但シ其ノ採納ヲ得サルモノハ同会期中ニ於テ再ヒ建議スルコトヲ得ス

第四一条　帝国議会ハ毎年之ヲ召集ス

第四二条　帝国議会ハ三箇月ヲ以テ会期トス必要アル場合ニ於テハ勅命ヲ以テ之ヲ延長スルコトアルヘシ

第四三条　臨時緊急ノ必要アル場合ニ於テ常会ノ外臨時会ヲ召集スヘシ

②　臨時会ノ会期ヲ定ムルハ勅命ニ依ル

第四四条　帝国議会ノ開会閉会会期ノ延長及停会ハ両院同時ニ之ヲ行フヘシ

②　衆議院解散ヲ命セラレタルトキハ貴族院ハ同時ニ停会セラルヘシ

第四五条　衆議院解散ヲ命セラレタルトキハ勅命ヲ以テ新ニ議員ヲ選挙セシメ解散ノ日ヨリ五箇月以内ニ之ヲ召集スヘシ

第四六条　両議院ハ各〻其ノ総議員三分ノ一以上出席スルニ非サレハ議事ヲ開キ議決ヲ為スコトヲ得ス

第四七条　両議院ノ議事ハ過半数ヲ以テ決ス可否同数ナルトキハ議長ノ決スル所ニ依ル

第四八条　両議院ノ会議ハ公開ス但シ政府ノ要求又ハ其ノ院ノ決議ニ依リ秘密会ト為スコトヲ得

第四九条　両議院ハ各〻天皇ニ上奏スルコトヲ得

第五〇条　両議院ハ臣民ヨリ呈出スル請願書ヲ受クルコトヲ得

第五一条　両議院ハ此ノ憲法及議院法ニ掲クルモノ、外内部ノ整理ニ必要ナル諸規則ヲ定ムルコトヲ得

第五二条　両議院ノ議員ハ議院ニ於テ発言シタル意見及表決ニ付院外ニ於テ責ヲ負フコトナシ但シ議員自ラ其ノ言論ヲ演説刊行筆記又ハ其ノ他ノ方法ヲ以テ公布シタルトキハ一般ノ法律ニ依リ処分セラルヘシ

第五三条　両議院ノ議員ハ現行犯罪又ハ

内乱外患ニ関ル罪ヲ除ク外会期中其ノ院ノ許諾ナクシテ逮捕セラル、コトナシ

第五四条　国務大臣及政府委員ハ何時タリトモ各議院ニ出席シ及発言スルコトヲ得

第四章　国務大臣及枢密顧問

第五五条　国務各大臣ハ天皇ヲ輔弼シ其ノ責ニ任ス

②　凡テ法律勅令其ノ他国務ニ関ル詔勅ハ国務大臣ノ副署ヲ要ス

第五六条　枢密顧問ハ枢密院官制ノ定ムル所ニ依リ天皇ノ諮詢ニ応ヘ重要ノ国務ヲ審議ス

第五章　司　法

第五七条　司法権ハ天皇ノ名ニ於テ法律ニ依リ裁判所之ヲ行フ

②　裁判所ノ構成ハ法律ヲ以テ之ヲ定ム

第五八条　裁判官ハ法律ニ定メタル資格ヲ具フル者ヲ以テ之ニ任ス

②　裁判官ハ刑法ノ宣告又ハ懲戒ノ処分ニ由ルノ外其ノ職ヲ免セラル、コトナシ

③　懲戒ノ条規ハ法律ヲ以テ之ヲ定ム

第五九条　裁判ノ対審判決ハ之ヲ公開ス但シ安寧秩序又ハ風俗ヲ害スルノ虞アルトキハ法律ニ依リ又ハ裁判所ノ決議ヲ以テ対審ノ公開ヲ停ムルコトヲ得

第六〇条　特別裁判所ノ管轄ニ属スヘキモノハ別ニ法律ヲ以テ之ヲ定ム

第六一条　行政官庁ノ違法処分ニ由リ権利ヲ傷害セラレタリトスルノ訴訟ニシテ別ニ法律ヲ以テ定メタル行政裁判所ノ裁判ニ属スヘキモノハ司法裁判所ニ於テ受理スルノ限ニ在ラス

第六章　会　計

第六二条　新ニ租税ヲ課シ及税率ヲ変更スルハ法律ヲ以テ之ヲ定ムヘシ

②　但シ報償ニ属スル行政上ノ手数料及其ノ他ノ収納金ハ前項ノ限ニ在ラス

③　国債ヲ起シ及予算ニ定メタルモノヲ除ク外国庫ノ負担トナルヘキ契約ヲ為スハ帝国議会ノ協賛ヲ経ヘシ

第六三条　現行ノ租税ハ更ニ法律ヲ以テ之ヲ改メサル限ハ旧ニ依リ之ヲ徴収ス

第六四条　国家ノ歳出歳入ハ毎年予算ヲ以テ帝国議会ノ協賛ヲ経ヘシ

②　予算ノ款項ニ超過シ又ハ予算ノ外ニ生シタル支出アルトキハ後日帝国議会ノ承諾ヲ求ムルヲ要ス

第六五条　予算ハ前ニ衆議院ニ提出スヘシ

第六六条　皇室経費ハ現在ノ定額ニ依リ毎年国庫ヨリ之ヲ支出シ将来増額ヲ要スル場合ヲ除ク外帝国議会ノ協賛ヲ要セス

第六七条　憲法上ノ大権ニ基ツケル既定ノ歳出及法律ノ結果ニ由リ又ハ法律上政府ノ義務ニ属スル歳出ハ政府ノ同意ナクシテ帝国議会之ヲ廃除シ又ハ削減スルコトヲ得ス

第六八条　特別ノ須要ニ因リ政府ハ予メ年限ヲ定メ継続費トシテ帝国議会ノ協賛ヲ求ムルコトヲ得

第六九条　避クヘカラサル予算ノ不足ヲ補フ為ニ又ハ予算ノ外ニ生シタル必要ノ費用ニ充ツル為ニ予備費ヲ設クヘシ

第七〇条　公共ノ安全ヲ保持スル為緊急ノ需用アル場合ニ於テ内外ノ情形ニ因リ政府ハ帝国議会ヲ召集スルコト能ハサルトキハ勅令ニ依リ財政上必要ノ処分ヲ為スコトヲ得

② 前項ノ場合ニ於テハ次ノ会期ニ於テ帝国議会ニ提出シ其ノ承諾ヲ求ムルヲ要ス

第七一条 帝国議会ニ於テ予算ヲ議定セス又ハ予算成立ニ至ラサルトキハ政府ハ前年度ノ予算ヲ施行スヘシ

第七二条 国家ノ歳出歳入ノ決算ハ会計検査院之ヲ検査確定シ政府ハ其ノ検査報告ト倶ニ之ヲ帝国議会ニ提出スヘシ

② 会計検査院ノ組織及職権ハ法律ヲ以テ之ヲ定ム

第七章　補　則

第七三条 将来此ノ憲法ノ条項ヲ改正スルノ必要アルトキハ勅命ヲ以テ議案ヲ帝国議会ノ議ニ付スヘシ

② 此ノ場合ニ於テ両議院ハ各〻其ノ総員三分ノ二以上出席スルニ非サレハ議事ヲ開クコトヲ得ス出席議員三分ノ二以上ノ多数ヲ得ルニ非サレハ改正ノ議決ヲ為スコトヲ得ス

第七四条 皇室典範ノ改正ハ帝国議会ノ議ヲ経ルヲ要セス

② 皇室典範ヲ以テ此ノ憲法ノ条規ヲ変更スルコトヲ得ス

第七五条 憲法及皇室典範ハ摂政ヲ置クノ間之ヲ変更スルコトヲ得ス

第七六条 法律規則命令又ハ何等ノ名称ヲ用ヰタルニ拘ラス此ノ憲法ニ矛盾セサル現行ノ法令ハ総テ遵由ノ効力ヲ有ス

② 歳出上政府ノ義務ニ係ル現在ノ契約又ハ命令ハ総テ第六十七条ノ例ニ依ル

■執筆者紹介

葛生 栄二郎（くずう えいじろう） 第1・2・12章

1958年生

ノートルダム清心女子大学教授〔専攻：法哲学〕

髙作　正博（たかさく まさひろ） 第3・4，9～11章

1967年生

関西大学教授〔専攻：憲法学〕

真鶴　俊喜（まなづる としき） 第5～8章

1962年生

藤女子大学教授〔専攻：憲法学〕

HBB+

法律文化ベーシック・ブックス〔HBB⁺〕

2011年3月30日　初版第1刷発行
2016年4月30日　初版第4刷発行

平和と人権の憲法学
―「いま」を読み解く基礎理論―

著　者　葛生栄二郎
　　　　髙作正博
　　　　真鶴俊喜

発行者　田靡純子

発行所　株式会社　法律文化社

〒603-8053　京都市北区上賀茂岩ヶ垣内町71
電話 075(791)7131　FAX 075(721)8400
URL：http://www.hou-bun.com/

印刷：共同印刷工業㈱／製本：㈱藤沢製本
装幀：前田 俊平／カバーイラスト：髙作 友紀子
ISBN 978-4-589-03330-7